청일전쟁

근대 동아시아 문제의 기원

차례
Contents

일본의 전쟁 DNA와 '승리 중독'

일본은 청일전쟁, 러일전쟁, 중일전쟁, 제1차 및 제2차 세계대전 등을 통해 중국·러시아·영국·미국·독일 등 이른바 세계의 모든 대국과 전쟁을 치른 유일한 국가다. 일본은 1868년 메이지유신 이래 일관되게 전쟁을 통해 영토를 확장하면서 발전을 도모한 유일한 나라이며, 근대에 들어와 세계에서 가장 빈번하게 전쟁을 일으킨 나라다. 그래서 필자는 『전쟁국가 일본』(2004)이라는 책에서 근대 일본을 '전쟁국가'라 규정했다. 그런데 일본은 다른 대국들에 견주어보면 인구와 자원 등 모든 면에서 상대가 되지 않는다. 그럼에도 일본이 이렇게 많은 전쟁을 치를 수 있었던 이유는 무엇일까. 일본에는 국가·사회적으로 전쟁 친화적인 DNA라도 있는 것일까?

일본은 1868년의 메이지유신을 계기로 막부(幕府)라는 봉건체제를 탈피하고 근대 국가의 길을 걷는다. 그로부터 현재까지 150여 년이 흘렀다. 제2차 세계대전이 끝나는 1945년까지 77년간 근대 일본은 끊임없이 전쟁을 반복했고, 그 이후 지금까지의 비슷한 기간은 평화를 구가하고 있다. 근대 이후 일본 역사의 절반은 전쟁의 시대, 절반은 평화의 시대였다.

1945년 이후 일본이 평화의 시대를 구가하게 된 데에는 군대 보유와 전쟁을 금지하는 현재의 일본 헌법(제9조의 전쟁 포기와 비무장)이 큰 역할을 했다. 패전 직후 연합국의 군사 점령 아래서 만들어진 이 평화 헌법에는 미국을 비롯한 전승국이 큰 영향을 미쳤다. 평화 헌법 제정 이후 보수 세력은 줄곧 이를 미국의 '강요'에 의한 것이라며 반발하고 있다. 평화 국가가 된 것에 반발하는 것일까?

최근 일본은 이 평화 헌법을 개정해 군대를 보유하고 전쟁을 할 수 있는 과거로 회귀하려는 움직임을 강하게 보이고 있다. '자주 헌법 제정론'이다. 헌법 개정이 이루어지면 일본은 본래의 모습인 전쟁 친화적인 국가로 되돌아가게 될지 모른다. 그러면 일본은 대략 75년을 주기로 전쟁의 시대와 평화의 시대를 반복하지는 않을까.

일본은 많은 전쟁을 치르면서도 자국 영토가 전장이 된 적은 없다(제2차 세계대전 말에 본토가 공습을 받기는 했으나, 연합군의 본토 상륙 전에 항복했다). 때문에 전쟁으로 국토가 초토화되거나 국민이 피난 보따리를 싸는 상황은 겪지 않았다. 상대적으로 전쟁의 직접적인 피해를 덜 받은 까닭에 일본이 전쟁 지향적인가 하는 의문도 든다.

일본은 제2차 세계대전을 제외하고는 패하지 않았다. 빈약한 자원 때문에 항상 단기 결전의 국지적이고 한정적인 승리에 승부를 걸었다. 청일전쟁은 북양대신 이홍장(李鴻章)과의 전쟁이었고, 러일전쟁은 극동 러시아와의 전쟁이었고, 만주사변은 중국 둥베이(東北) 지방의 전쟁이었다. 그래서 일본의 승리는 완전한 승리가 아니었고, 패한 쪽(중국, 러시아)도 완전한 패배가 아니었다. 청일전쟁은 약 9개월, 러일전쟁은 약 19개월, 만주사변은 약 5개월 정도였으며, 중일전쟁을 포함한 제2차 세계대전은 약 8년간이었다. 앞의 세 단기전에서는 이겼고, 마지막의 장기전에서는 패했다. (중일전쟁의 경우 중국에 패한 것인지 연합국에 패한 것인지에 대해서는 이견이 있다).

일본의 이러한 대규모 국제 전쟁의 시작은 청일전쟁이다. 이 전쟁에서 거둔 '기적' 같은 승리에 일본 국민은 환희했고, 그들은 무력을 맹신하게 되었다. 일본이 전쟁을 계속

한 하나의 동인이다. 아널드 토인비는『전쟁과 문명(*War and Civilization*)』에서 이러한 '승리 중독'을 파멸의 원인이라고 지적했다.

청일전쟁은 동아시아 국제 질서에 본질적인 변화를 초래했다. 서구 문명을 급속히 받아들인 일본이, 전통적으로 (동)아시아의 맹주 역할을 한 중국에 승리했다. 이를 계기로 일본은 역내(域內)의 강자로 부상하고, 일본 중심의 제국주의 지배 질서를 보편화해간다. 서구의 제국주의 열강이 본격적으로 동아시아에 진출하는 것도 이 전쟁을 전후해서다.

이러한 관점에서 중국에서는 중일전쟁보다는 청일전쟁이 더욱 중요한 역사적 기점이라는 인식이 생겨났고, 이 전쟁을 재조명하게 되었다. 청일전쟁은 조선 지배권을 둘러싼 청국과 일본의 각축이 아니라, 메이지유신 이래 일본이 추구해온 침략주의의 발로로 파악한다. 일본의 침략주의는 1871년의 타이완 출병에서 시작되고 1894년의 청일전쟁을 통해 본격화했으며, 중일전쟁의 연장인 제2차 세계대전에서 패배함으로써 종결된 것으로 이해한다. 또 센카쿠(尖閣, 중국명 댜오위다오釣魚島) 영유권 문제, 오키나와 귀속 문제, 타이완 문제 등 현재 중국이 직면하고 있는 문제들도 청일전쟁에서 그 연원을 찾고 있다.

그러면 이 전쟁은 왜 일어났을까. 일본의 기습으로 시작된 전쟁이었기 때문에 그 원인은 일본에서 찾아야 한다. 당시 외무대신(외상)으로 전시 외교를 책임졌던 무쓰 무네미쓰(陸奧宗光)는 그의 청일전쟁 외교 비록인『건건록(蹇蹇錄)』(1895)에서 다음과 같이 술회했다.

표면적으로는 조선 정부의 의뢰를 받아 조선을 위해 청군을 국경 밖으로 구축하여 일어난 것이지만, 사실을 분명히 말하면 청일 양국 간에 문제로 되어 있던 조선에 대한 청나라의 종속 (從屬, 종주권) 논쟁이 그 주된 원인이었다는 점은 말할 필요가 없다. (陸奧宗光, 1983)

조선에 대한 청국의 종주권이 전쟁의 원인이었다는 것이다. 일본이 조선에 대한 청의 종주권을 부정하기 위해, 즉 조선의 독립을 위해 일으킨 전쟁이라는 의미다. 전쟁을 종결하는 시모노세키조약 제1조에서 "청국은 조선이 완전무결한 독립 자주국임을 확인"한 것도 이 때문이다. 그러나 조선은 일본에 '독립'을 보장해달라고 요청하지 않았다. 또 일본에 조선을 청국으로부터 '독립'시켜야 할 권리나 의무가 있는 것도 아니다. 그럼에도 일본은 왜 조선을 청국으로부터 '독립(분리)'시키려 했는가.

일본의 전쟁 목적이 조선을 청국으로부터 독립시키는 데

있었다면, 조선이 청과의 관계를 끝내고 청국군이 한반도에서 완전히 철수한 시점에서 전쟁을 끝내야 했다. 그러나 일본은 만주를 점령하고 베이징을 위협했으며, 강화조약에서는 랴오둥반도(遼東半島)와 타이완을 할양받았다. 전쟁의 목적이 조선의 독립에 있었던 것이 아님을 말한다. 이는 청일전쟁이 메이지유신 이후 일본이 추구해 온 팽창(침략)주의 정책의 필연적 결과였는가, 아니면 당시 조선을 둘러싼 청과 일본의 정책 대립에 기인한 '우발적'인 일이었는가에 대한 논쟁과도 관련이 있다. 청일전쟁 이후 일본이 한반도를 장악하고, 그 후 일관되게 대륙으로 침략을 확대한 것은 청일전쟁이 일본 팽창주의의 산물이었음을 말한다.

청일전쟁은 러일전쟁이라는 또 다른 전쟁을 불러왔다. 두 전쟁은 원인, 전개 과정, 결과 등 모든 면에서 매우 유사하다. 한국은 이 두 전쟁의 당사국이 아니었다. 그러나 한반도는 두 전쟁의 직접적인 전장이었으며, 그 결과 한국의 국가 운명도 바뀌었다. 우리가 이 전쟁들에 관심을 가지는 이유다.

그럼에도 한국에서 청일전쟁은 청국과 일본의 전쟁, 즉 타자들의 전쟁이라는 이미지 탓에 이 전쟁에 대한 인식이 깊지 않다. 우리의 관점에서 이 전쟁을 이해하려는 연구도 충분하지 않다. 이 책은 이러한 한국의 연구 경향을 감안해, 이 전쟁은 무엇을 위한 전쟁이었던가 하는 문제의식을 가지고, 근대 이후 조선·일본·청국의 역학 관계 속에서 청일전 쟁의 전모를 파악하는 데 초점을 맞추고자 한다.

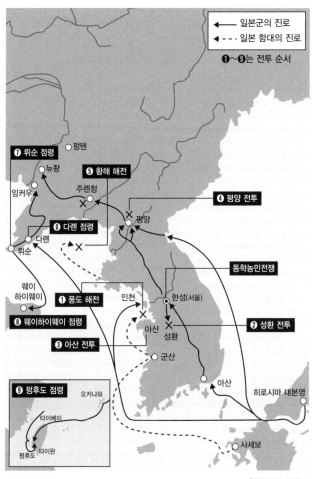

청일전쟁 흐름도
출전: heiwa.yomitan.jp

① 풍도 해전 (1894년 7월 25일)　　　⑥ 다롄 점령 (1894년 11월 7일)
② 성환 전투 (1894년 7월 29일)　　　⑦ 뤼순 점령 (1894년 11월 21일)
③ 아산 전투 (1894년 7월 30일)　　　⑧ 웨이하이웨이 점령 (1895년 1월 2일)
④ 평양 전투 (1894년 9월 15일)　　　⑨ 평후도 점령 (1895년 3월 25일)
⑤ 황해 해전 (1894년 9월 17일)

1. 서구에 굴복하고 조선을 정복하라

요시다 쇼인과 일본 침략주의의 기원

근대 국가 일본이 침략주의 지향성을 가지게 된 데에는 요시다 쇼인(吉田松陰)의 영향이 큰 것으로 알려져 있다. 그는 메이지유신의 정신적 지주이며, 일본의 국수주의와 우익 운동의 사상적 기반을 제공한 인물이다. 제2차 세계대전 이후 일본에서 가장 강력한 우익 정권을 이끈 아베 신조(安倍晉三) 총리는 그를 가장 존경하는 인물로 꼽았다. 그가 후학 양성을 위해 세운 서당인 쇼카손주쿠(松下村塾)는 메이지 시대에 세 명의 총리와 여섯 명의 대신을 배출했다. 초대 한국(조선) 통감 이토 히로부미, 일본 육군의 아버지라 불리며 청일전쟁 당시 한반도 침략의 주력군인 제1군 사령관이었던 야마가타 아리토모(山縣有朋) 등도 그의 문하생이다. 이들은 모두 총리를 지냈다.

요시다 쇼인은 1830년 조슈번(長州藩, 현 야마구치현) 하급 무사 집안의 둘째 아들이다. 5세 때 군사학자인 숙부의 양자로 들어가 병법을 배웠고, 11세 때 번주(藩主) 앞에서 병법을 강의할 정도로 재능을 보였다고 한다. 21세 때 에도(江戶, 현 도쿄)에서 당대의 사상가인 사쿠마 쇼잔(佐久間象山)에게서 서양 학문과 군사학을 배웠다. 1854년 도쿠가와막부는 미국의 압력에 굴복해 200년 이상 유지해 온 쇄국 정책을 포기하고 미일화친조약을 체결해 문호를 개방했다. 이 사건은 요시다에게 큰 영향을 끼쳤다. 막부 체제로는 증기선이 상징하는 근대화된 서양 세력을 막을 수 없으며, 그들을 따라잡지 못하면 일본은 식민지가 될 것이라는 위기의식이다. 이러한 위기의식은 당시의 일본 사회 전반에 퍼져 있었다.

요시다는 서구의 신문물을 직접 체험하기로 한다. 1854년 3월 요코하마에서 미일화친조약을 체결하고, 4월에 부속협정 체결을 위해 시즈오카현의 시모다항에 정박 중이던 페리(Matthew C. Perry) 제독의 함선에 승선해 밀항을 시도했으나, 페리의 거절로 실패했다. 그로 인해 14개월간 하기(萩)의 노야마(野山) 감옥에서 수감 생활을 하면서 밀항의 동기와 사상적 배경을 정리한 『유수록(幽囚錄)』을 집필했다. 여기에서 그가 주장한 주변국에 대한 무력 정벌론은 정한론(征韓論, 조선정벌론)을 비롯해 아시아 침략의 사상적 기반이 되었다. 그는 『유수록』에서 다음과 같이 주장했다.

무비(武備)를 서둘러 군함과 포대를 갖추고 즉시 홋카이도를 개척하고 제후(諸侯)를 봉건(封建)하며, 기회를 보아 캄차카와 오호츠크를 빼앗고 류큐(琉球, 오키나와)와 조선을 정벌해 옛날의 성세를 되찾아야 한다. 북으로는 만주를 얻고 남으로는 타이완과 필리핀을 노획해 진취적인 기세를 드러내야 한다. …… 우리가 러시아·미국과 강화한 것은 이미 결정된 일이므로 우리 측에서 먼저 조약을 어겨서 오랑캐에게 신임을 잃어서는 안 된다. 다만 규칙을 엄격히 하고 신의를 두텁게 함으로써 이 사이에 국력을 길러 쉽게 얻을 수 있는 조선·만주·중국을 차지해 굳게 지켜야 한다. 무역에서 러시아와 미국에 대해 손해를 본 것은 반드시 조선과 만주의 토지로 보상받아야 한다.

힘이 강한 서양 국가에는 굴복하거나 적절히 타협하고, 조선과 중국을 비롯한 아시아 국가들을 정복해서 국가 발전을 꾀해야 한다는 주장이다. 요컨대 친서구적 아시아 침략주의라 하겠다. 여기에는 두 가지의 함의가 있다. 하나는 아시아의 전통적인 화이(華夷) 질서를 부정하고 일본 중심의 새로운 질서를 구축하는 것이며(후에 아시아맹주론으로 발전한다), 또 하나는 전쟁(침략)을 통해 국가 발전을 도모하는 군사적 발전주의다. 이러한 그의 지향성은 메이지유신 이후 정한론으로 현실화한다.

요시다는 1858년 막부가 천황의 칙허 없이 미일수호통상조약을 체결한 데 반발해 막부 타도 운동을 벌이다가 체포되어 사형당한다. 스물아홉 살 때다. 목이 잘리고 처참한 모습을 한 그의 시신은 문하생인 이토 히로부미가 수습했다.

서구를 향하여: 구미(歐美, 유럽과 미국) 사절단

친서구적인 요시다의 주장은 메이지 정부 지도자들이 약 33개월에 걸쳐 미국과 유럽 12개국을 시찰하는 대규모 사절단의 파견으로 구체화된다. 1871년 12월 23일 출발해 1873년 9월 13일 귀국한 사절단은 이와쿠라 도모미(岩倉具視)를 단장(특명전권대사)으로 하고, 정부 고관 및 43명의 유학생을 포함해 107명으로 구성되었다. 메이지유신 3걸로 일컬어진 오쿠보 도시미치(大久保利通)를 필두로 기도 다카요시(木戸孝允), 그리고 우리에게 익숙한 이토 히로부미 등은 부단장이었다. 이를 구미 사절단 또는 이와쿠라 사절단이라 한다.

사절단은 막부 시대에 조약을 맺은 각국에 신정부 수립

을 알리는 국서를 전하고, 막부 체제 아래서 체결된 불평등 조약의 개정과 서양 문명 시찰 및 조사를 목적으로 했다. 메이지유신 직후 아직 정권이 안정되지 않은 상황에서 유신의 주역들과 정부 고관이 대거 외유에 나선 것은 일본을 친서구적 근대 국가로 만들려는 메이지유신 정권의 강한 욕망을 보여주는 것이다. 일본은 지금도 서구화와 근대화를 같은 의미로 사용한다.

사절단은 첫 행선지인 미국에 도착해 국서를 전하고 불평등조약의 개정을 요청했으나, 전권 위임장을 갖추지 않았다는 이유로 거절당한다. 근대 외교의 경험이 부족한 일본은 외교 사절이 필수적으로 갖추어야 하는 전권 위임장의 존재와 의미도 몰랐다. 오쿠보와 이토는 급히 일본으로 돌아가 천황의 전권 위임장을 가져왔는데, 4개월 이상이 걸렸다. 전권 위임장을 가지고 미국과 다시 교섭에 임했지만 미국은 거절했다. 일본에 새로운 정부가 들어서긴 했으나, 아직 미국과 대등한 입장에서 교류하고 무역할 상대는 아니라는 것이 그 이유였다. 사절단은 학교와 공장 등의 시설과 미국 각지를 방문하며 7개월간 머물렀다. 단장인 이와쿠라는 일본을 출발할 때 입었던 전통 의상을 양복으로 바꾸고 일본식 상투를 자르고 단발을 했다. 미개인 보듯 하는 미국인의 시선을 피하기 위해서였다.

미국에서 서양 국가들과의 격차를 절감한 사절단은 불평등조약 개정을 포기하고 정치 기구, 법률, 문물 등의 시찰과 조사에 집중한다. 사절단은 영국(4개월), 프랑스(2개월), 벨기에, 네덜란드, 독일(이상 각 3주간), 러시아(2주간), 덴마크, 스웨덴, 이탈리아, 오스트리아, 스위스 등 유럽 12개국을 방문한다. 귀국길에 지중해의 수에즈 운하를 통과하고 홍해를 거쳐 유럽 국가의 식민지인 실론·싱가포르·사이공·홍콩과 상하이 등도 방문한다.

이때 메이지정부 지도자들이 습득한 서구 문명에 대한 경험과 지식은 일본을 서구 지향적 국가로 만드는 데 큰 영향을 미친다. 이와쿠라가 미국에 도착해서 행한 첫 연설에서 "당신들 나라의 기술, 학문, 물산, 기계, 크고 작은 학교, 소송 및 재판 제도 등 모든 것을 잘 보고 장래 우리나라(일본)에 실시하는 데 참고로 하겠다"고 한 데에서도 이를 알 수 있다. 동행한 유학생들은 몇 년간 유럽과 미국에서 공부하고 귀국해 각 분야에서 일본의 문명개화에 크게 기여한다.

조선을 정벌하라: 정한론

이와쿠라 사절단이 유럽을 시찰하고 있는 동안 메이지 정부 내에서는 조선을 정벌해야 한다는 정한론이 대두한다. 요시다 쇼인이 주장한 대로 친서구적인 구미 사절단 파견과 조선 정벌이라는 침략주의가 동시에 현재화한 것이다. 조선 정벌은 정조론(征朝論)이라 불러야 하나, 조(朝)는 조정 즉 천황을 의미하기 때문에 정한론이라 한다. 한(韓)은 삼한(三韓, 마한·진한·변한) 즉 조선을 의미한다. 일본의 역사서인 『고사기(古事記)』와 『일본서기(日本書紀)』에 고대 일본이 한반도 남부를 점령해 복속시켰다는 이야기가 나오는데, 일본에서는 이를 삼한 정벌이라 한다(한국에서는 『고사기』와 『일본서기』의 신뢰성을 부정한다).

메이지 원년인 1868년 12월 11일, 메이지 정부는 조선과 새로운 관계 정립을 위해 쓰시마 번주(對馬藩主) 소 요시아키라(宗義達)를 통해 사절단을 부산 왜관에 파견한다. 신정부 출범을 알리는 국서와 함께 수교를 요구하는 서계(書契, 외교문서)를 전하기 위해서였다. 서계에는 '황제' '봉칙(奉勅)' '대일본' 등의 문구가 들어 있고, 종래와는 다른 새 정부의 도장을 사용했다. 때문에 동래부사 정현덕은 문서 접수를 거부한다. 중국의 황제가 사용하는 '황(皇)' '칙(勅)' 등의 용어를 사용한 문서를 접수하면 일본을 중국과 같은 위상으로 인정해주는 꼴이 되기 때문이다.

몇 번에 걸쳐 요구를 거절당한 메이지 정부는 1869년 12월 외무성의 사다 하쿠보(佐田白茅, 후에 외무대록外務大錄), 모리야마 시게루(森山茂), 사이토 사카에(齋藤榮) 등을 파견해 조선의 실정을 정탐하도록 한다. 다음 해 4월, 사다 하쿠보 일행은 정부에 「조선국 교제 시말 내탐서(朝鮮國交際始末內探書)」라는 보고서를 제출한다. 내탐서는 조선이 과거 통신사를 파견하고 예를 갖춘 이유, 조선과 쓰시마 사신의 왕래 예법, 조선 입국 때 허가를 받은 이유 등 외교 관례와 조선 육·해군의 시설과 장비 실태, 서울 근해의 항구, 조선과 러시아의 관계 등 13개 항목을 정리하고, "조선과 관계 수립은 불가능하다"는 결론을 내리고 있다. 동시에 그들은 별도로 "조선은 황국을 멸시하고 불손한 문자로 치욕을 주고 있다. …… 반드시 조선을 정벌하지 않으면 천황의 위엄이 서지 않는다"는 내용의 건백서를 제출한다. 조선의 실정을 살펴보니 정벌이 가능하다고 여겼기 때문일 것이다. 정한론의 시작이다.

내탐서에는 독도와 관련한 특기할 사항도 기록되어 있다. 내탐서의 마지막 항목은 '죽도(竹島)·송도(松島)가 조선에 부속된 시말(始末)'이라는 제목이다. 죽도(울릉도)와 송도(독도)가 조선의 섬이 된 사정을 정리한 것으로, 자세한 내용은 생략되어 있다. 제목만으로도 울릉도와 독도가 조선의 영토임을 확인했다는 사실을 말해준다. 독도를 둘러싼 한일 간의 영유권 문제에서 중요한 의미를 가진다.

조선의 반복된 거부에 대응해, 일본은 전통적으로 조선과의 외교 창구 역할을 해온 쓰시마를 제치고 중앙 정부의 외무성이 직접 나선다. 1870년 일본 외무성은 정식으로 외무권소승(外務權小丞) 요시오카 고키(吉岡弘毅)를 외교 사절로 부산에 파견한다. 그러나 왜와의 통역을 담당하고 있던 부산 왜학훈도(倭學訓導) 안동준(安東晙)은 "우리나라(조선)와의 모든 교섭은 소(宗, 쓰시마 번주)의 정식 경로를 통"해야 한다며 접촉을 거절한다. 이에 일본은 1871년 7월 쓰시마 번주를 외무대승(外務大丞)으로 임명해 조선과의 수교 문제를 관장하게 하고, 이를 조선에 알리기 위해 외무대록(外務大錄) 모리야마 시게루 일행을 11월 3일 부산 왜관에 파견해 면담을 요청한다. 조선은 이마저도 거절한다. 1872년 1월에 재차 부산 왜관을 통해 서계 전달을 시도했으나 역시 허용되지 않았다. 뿐만 아니라 조선은 부산 일대에서 성행하고 있던 잠상(潛商, 밀무역 및 암거래)을 단속하는 등 반일 정책을 강화한다.

이러한 조선의 반응에 대해, 일본 정부 내에서는 조선 정부에 밀무역 단속에 대한 시정을 요구해야 한다는 온건론과 조선의 무례한 행동을 응징해야 한다는 강경론이 등장한다. 강경론의 중심인물은 메이지유신 3걸 중 한 명이며 육군 원수 겸 참의(參議, 집단지도체제의 국무위원 격 지위)인 사이고 다카모리(西鄉隆盛)였다. 그는 정부 수뇌들이 대거 구미 사절단에 참여하고 있는 동안 정부의 실질적 지도자였다. 사이고는 조선에 전권대사를 파견해 개국을 요구하고, 조선이 이를 거부하고 전권대사를 죽이거나 하면 이를 빌미로 조선을 정벌해야 한다고 주장했다. 그리고 전권대사로 자신이 직접 가겠다고 나섰다. 이른바 '사절폭살론(使節爆殺論)'과 '견한대사론(遣韓大使論)'이다.

같은 해 8월 17일, 각의(내각 회의)에서는 사이고를 조선 특사로 파견하기로 결정한다. 그러나 정부 수뇌 대부분이 구미 사절단으로 외유 중이기 때문에 정부 전체의 의지를 담은 결정은 할 수 없는 상태였다. 사이고의 파견도 미뤄졌다. 이와쿠라 단장을 비롯한 사절단이 9월에 귀국하자, 이 문제가 다시 논의되었다. 외유에서 서양과 일본의 차이를 실감한 이와쿠라 도모미, 오쿠보 도시미치, 기도 다카요시 등은 정한론을 비판하고 특사 파견 연기를 주장했다. 서양의 외압에 시달리고 있는 지금은 내치를 우선해야 하며(내치우선주의), 조선과 전쟁을 할 단계가 아니라는 것이다. 반면 사이고 다카모리를 비롯해 국내에 머물렀던 이른바 국내파는 정한론을 굽히지 않는다. 외유에서 돌아온 이와쿠라와 오쿠보 등이 정한론에 반대한 데에는 그간 자리를 비웠던 정부 내에서의 권력을 되찾기 위한 측면도 있었다. 정한론이 실현되면 외유 기간 동안 국내에 머물러있던 국내파의 세력이 더욱 강해지기 때문이다(毛利敏彦, 1979).

정한론의 좌절로 시작된 일본의 민주주의

1873년 10월 14일의 각의에서는 정한론을 둘러싸고 논란이 일었다. 사이고는 8월 17일의 각의 결정을 재확인하고 특사 파견을 서둘러야 한다고 주장한다. 이에 대해 이와쿠라는 지금은 사할린 문제를 해결하는 것이 급선무라며 정한론을 반대한다. 사할린은 일본과 러시아 사이에 영유권이 확정되지 않은 상태에서 양국민이 섞여 살고 있어 자주 분쟁이 발생했다. 1875년 사할린-치시마 교환조약(러시아명 상트페테르부르크조약) 체결로 쿠릴열도 전체는 일본 영토가 되고 사할린은 러시아 영토가 된다.

참의로서 판적봉환(版籍奉還, 번의 영지와 인민을 천황에게 바침)과 폐번치현(廢藩置縣, 번을 폐지하고 현을 둠) 등에서 메이지 정권 수립에 주도적 역할을 한 오쿠보 도시미치는 조선 정벌을 위해 전쟁을 하면 일곱 가지의 불이익이 발생한다며 특사 파견을 강하게 반대했다. 일곱 가지 불이익은 다음과 같다(毛利敏彦, 1979).

1) 개전의 혼란에 편승한 불평 사족(士族, 구 사무라이)의 반란 위험이 있다.
2) 전비 부담에 대한 인민의 반발이 우려된다.
3) 정부 재정은 전비를 감당할 수 없다.

4) 군수품 수입은 국제수지를 악화시킨다.

5) 조선과 전쟁을 하면 러시아에게 어부지리를 안겨준다.

6) 전비 마련을 위해 외채 상환을 게을리하면 영국의 내정 간섭을 불러온다.

7) 불평등 조약 개정에 대비해 국내 체제를 갖추는 것이 조선과의 전쟁보다 먼저다.

불평 사족의 반란 가능성, 재정 문제 그리고 러시아의 세력 확대가 우려되므로 조선과의 전쟁은 불가하다는 것이다.

그럼에도 각의에서는 사이고 파견이 결정된다. 그러나 10월 22일 정부 수반인 태정대신 대리로 있던 이와쿠라 도모미가 천황에게 정한론 반대 의견을 상소해 재가를 얻었다. 사절단 파견은 중지되고 정한론도 일단락된다. 그 후 아홉 명의 참의 가운데 정한론을 주장했던 사이고 다카모리 등 다섯 명이 하야했다. 사이고는 고향인 가고시마(鹿兒島, 구 사쓰마번薩摩藩)로 돌아가 후진 양성에 힘쓴다. 이와쿠라는 다음 해 1월 14일 정한론을 주장하는 불평 사족으로부터 습격을 받아 부상을 입는다.

정한론을 지지했던 사족들의 불만은 정부로 향한다. 1874년 2월에는 사가(佐賀) 지방에서 사족들의 반란이 일어나고, 1877년에는 사이고를 지도자로 하는 대규모의 반정부 반란이 발발했다. 서남부 지역에서 일어났다고 서남전쟁 (西南戰爭)이라 한다. 메이지 신정부에 대한 최대이자 최후의 반란이다. 2월 15일 사이고는 그를 따르는 1만 5,000명의 병사를 지휘해 구마모토(熊本)를 향한다. 구마모토로 진격하는 동안 규슈(九州) 지방의 사족들이 가세해 병력이 3만으로 커지면서 신정부를 위협한다.

반란군은 정부군의 네 배나 되는 압도적인 병력으로 구마모토 성을 공격했으나, 우수한 무기로 무장한 정부군의 저항으로 실패하고 반란군은 가고시마로 퇴각한다. 9월 24일 정부군의 총공격으로 반란군의 최후 보루였던 시로산(城山)이 함락되고 사이고도 전사한다. 정한론을 매개로 반년 이상 이어오던 구 사족 중심의 반정부 세력의 저항은 끝나고 신정부는 안정을 찾게 된다. 서남전쟁의 패배로 신정부에 대한 무력 저항이 불가능하다는 것이 명확해진 것이다. 사이고 다카모리는 서남전쟁의 주역이었지만 메이지 정부 수립의 공적을 인정받아 1899년 사면되고, 후에 그의 아들은 후작의 작위를 받는다. 그는 마지막 사무라이라 불리며 지금도 일본인들의 흠모 대상이다.

그 후 정한론자들은 재야에서 언론 활동 등을 통해 반정부 운동에 종사하면서 정부의 권력 즉 국권(國權)에 대항해 자유 민권(民權, 인민의 권리) 운동을 전개한다. 무력으로 조선 정벌을 주창한 세력들이 국내적으로는 정부의 독주에 저항하며 민주주의의 싹을 틔우는 아이러니한 현상이 나타나게 된 것이다. 일본의 민주주의는 이렇게 시작되었다.

이토 히로부미, 정한론을 반대하다

정한론을 둘러싼 아이러니는 조선 침략의 상징인 이토 히로부미에게서도 찾을 수 있다. 구미 사절단에서 귀국한 오쿠보 도시미치, 이와쿠라 도모미, 기도 다카요시 등은 심정적으로 정한론에 반대했으나, 사이고 다카모리와의 관계, 구미 순방 기간에 발생한 개인적인 갈등 등의 이유로 공동 행동에 주저하고 있었다. 이때 이들의 갈등을 무마하고 공동으로 정한론 세력과 정면 대결을 하도록 한 데에는 이토의 중재가 결정적 역할을 했다. 무엇보다도 이와쿠라가 천황에게 정한론 반대 의견을 상소해 재가를 얻도록 하는 과정에서 큰 역할을 했다고 한다.

요시다 쇼인은 자신의 제자인 이토를, 뛰어난 재능이 있는 것은 아니고 학문적으로도 미숙하지만 솔직하고 주선(周旋, 중재) 능력이 있다고 평가했다(伊藤之雄, 2009). 요시다의 평가대로 이토는 일찍부터 조정 및 중재 능력을 발휘했고, 그것이 그의 가장 큰 정치적 자산이었다. 일본에서 그가 비교적 온건론자로 평가받는 이유이기도 하다.

이토 히로부미의 행동이 반정한론의 신념에 의한 것인지, 기회주의적으로 반정한론 세력에 영합한 것인지는 확인되지 않는다. 사절단의 일원으로서 오쿠보·이와쿠라·기도 등 메이지유신의 공신들과 친분을 쌓은 것이 큰 계기로 작용했음은 분명하다. 결과적으로 이때의 행동으로 이토는 일찍부터 정치적 거물로 성장하게 된다. 정한론자들이 하야해 정부를 떠나자 권력은 반정한론자들의 몫이 되었다. 그 후 반정한론의 정부 지도자들 가운데 기도 다카요시는 1877년에 병사하고, 오쿠보 도시미치는 1878년에 암살당한다. 정부의 중심인물들이 사라지자 자연스럽게 이토의 역할이 커지게 된 것이다.

반정한론에 적극 가담했던 이토 히로부미는, 그 후 청일전쟁과 을미사변(명성황후시해사건) 때에는 총리대신으로, 그리고 을사(보호)조약 체결의 당사자로서 한국 식민지화를 추진하는 핵심 인물이 된다. 그에게 정한(征韓)은 시기의 문제였을 뿐이다. 그는 반정한론자는 아니었다.

2. 청국과 일본은 대등하다

적이 되기보다 가까이 두는 게 낫다: 청일수호조규

중국과 일본은 오랫동안 정치·외교 관계가 없었다. 임진왜란 때 한반도에서 전쟁을 치른 이후 중국은 일본을 왜구(倭寇)로 인식했으며, 무역을 통한 부분적인 경제 관계만 유지하고 있었다. 일본의 금과 은을 중국의 생사(生絲)와 교환하는 것이 고작이었다. 17세기 중국에 청나라가 수립되고 일본에 도쿠가와막부가 성립한 이후에도 나가사키항을 통한 양국의 무역 관계만 유지되고 있었다.

메이지 정부는 막부 말기에 성립된 서양 국가들과의 불평등 조약 해소를 도모하면서, 조선과 청국에 대해서도 새로

운 국교 수립을 꾀한다. 조선과의 국교 수립 과정에서 정한
론이 대두했음은 앞서 언급했다. 일본은 1870년 9월 외무권
대승(外務權大丞) 야나기와라 사키미쓰(柳原前光)를 단장으로
하는 사절단을 톈진에 파견해 정식으로 청국에 국교 수립을
요청한다. 야나기와라는 "서양 열강의 압력에 대해 청일 양
국의 협력이 필요하다"고 호소했다. 외교를 담당하는 총리아
문은 일본과의 수교에 소극적이었으나, 북양대신 겸 직예(直
隷, 베이징·톈진·허베이) 총독인 이홍장은 수교의 필요성을 인
정했다. 서양 문물을 받아들여 군사력을 키우고 있는 일본을
적으로 만들기보다는 관계를 개선하는 것이 유리하다는 판
단이었다(岡本隆司, 2011). 이홍장의 심모원려가 받아들여져,
이듬해 9월 청일수호조규가 체결되고 국교가 정상화된다.
동시에 통상장정과 해관세칙 등 통상 관련 조약도 조인된다.

이 조규(조약)가 일본과 청국 간에 맺어진 최초의 평등 조
약이라는 점을 주목할 필요가 있다. 조규는 영사재판권과 협
정관세를 인정하고, 최혜국대우는 인정하지 않았다. 양국이
서양 열강으로부터 강요받았던 불평등 조약의 내용을 서로
인정하는 특이한 구조다. 다시 말하면 하향적 평등 관계라
할 수 있다. 이 조규에서 규정한 양국의 기본 관계는 청일전
쟁 때까지 작동한다.

일본이 청국과 대등한 입장에서 평등 조약을 체결한 데

에는 아편전쟁 이래 쇠퇴 일로를 걷고 있는 청국의 약체화가 배경에 있다. 일본과 청국의 평등 관계는 중국 중심의 계층 질서를 축으로 한 전통적인 동아시아의 화이(華夷) 질서를 근본적으로 부정하는 것으로, 동아시아 국제 질서의 변화를 예고하는 것이다. 일본이 중국과 대등한 관계에 위치하게 됨으로써 조선과 일본, 조선과 청국 간의 질서 재편이 필요해진다. 중국과 종주(宗主) 관계를 유지하고 있는 조선이 일본과 어떠한 관계를 수립하게 될지가 관건이다. 청국과 일본의 평등 관계는 중국과 조선의 종주 관계에 대한 변화를 내포한 것이기 때문이다.

이와 관련하여 "양국은 상호 소속 방토에 침범하지 않는다(兩國所屬邦土, 毋相侵越)"는 청일수호조규 제1조의 '소속 방토'에 대한 정의가 논란이 되었다. 청은 이를 청국뿐 아니라 조선·베트남 등의 조공국을 포함하는 것으로 해석한다. 이홍장은 특히 조선을 염두에 두었다고 한다. 일본의 조선 침략 가능성을 우려한 이홍장은 이 조항으로 일본으로부터 조선의 안전을 보장받고 조선에 대한 종주권을 유지하려 했다는 것이다(岡本隆司, 2011). 이는 상국(上國)이 지닌 일종의 속방(屬邦) 보호 의식으로 볼 수 있으나, 본질은 조선을 계속해서 속국으로 붙들어 놓겠다는 것이다. 조선에 대한 중국과 일본의 이러한 인식 차이는 청일전쟁의 한 요인으로 작용한다.

황제의 교화가 미치지 않는다: 타이완 정벌

일본의 최남단에 있는 류큐(오키나와)는 15세기에 부족을 통일하고 왕조 국가를 형성했다. 1429년에는 중국으로부터 국호와 함께 왕의 작위, 그리고 상(尚)이라는 성씨를 하사받는다. 상(尚) 왕조는 중국과 조공-책봉 관계를 유지하면서 독립국가로 존재했다. 그런데 1609년 2월 사쓰마번(현 가고시마현)은 류큐 침략을 단행하고, 그다음 해 막부로부터 관할권을 인정받는다. 류큐의 무역권을 장악해 재정 문제를 해결하기 위해서였다. 이후 류큐는 중국과의 조공-책봉 관계에 더해 사쓰마번의 관할도 받는 이른바 양속(兩屬) 관계를 유지하게 된다.

이러한 상황에서, 청일수호조규가 체결된 직후인 1871년 11월 류큐 왕국 수도 수리(首里)에 공물을 바치고 돌아가던 미야코섬의 배가 폭우를 만나 69명이 타이완 남부에 표착하는 사건이 발생한다. 그 가운데 세 명은 익사하고, 표류민 가운데 54명이 원주민과의 의사소통 문제 등으로 살해당한다. 12명의 생존자는 청국 정부의 보호 아래 다음 해 6월 푸젠성을 거쳐 귀환했다.

일본 정부는 사쓰마번의 관할을 받고 있는 류큐 왕국의 어민이 살해된 것을 구실로 청국에 배상을 요구한다. 청국 정부는, 타이완이 청국령이긴 하나 황제의 교화(敎化)가 미치지 않는 곳(化外之地)이기 때문에 책임질 수 없고 류큐는 청국에 조공을 하는 나라로서 일본이 아니기 때문에 일본과 논의할 필요가 없다며 일본의 요구를 기절한다. 이러한 청국의 태도는 일본에게 타이완 정벌의 구실을 제공했다. 황제의 교화가 미치지 않는 땅은 청국이 아니므로 일본이 타이완을 정벌해도 개입하지 못한다는 빌미를 준 것이다. 이어서 1873년에는 오카야마현의 배가 타이완에 표착해 승무원 네 명이 약탈당하는 사건이 발생한다. 이러한 사건들로 일본 정부 내에서는 타이완 정벌론이 대두한다. 그러나 국교 수립을 거부한 조선을 정벌해야 한다는 정한론에 묻히면서 타이완 정벌론은 일단 중단되었다.

그런데 1873년 10월 반정한론자들에 밀려 하야한 정한론자들이 메이지 정부의 새로운 체제에서 소외된 사족들(구 사무라이. 40~50만 명에 달했다)과 함께 반정부 활동을 강화할 움직임을 보인다. 정부는 이들의 반정부 활동을 저지하기 위한 배출구가 필요했다. 오쿠보 도시미치를 중심으로 한 반정한론자들은 정한론으로 중단되었던 타이완 정벌에 그들을 활용하기로 한다. 청국과 국교를 수립한 지 겨우 3년이 경과했을 뿐인데 일본은 타이완 정벌에 나서기로 한다. 국내 안정을 명분으로 정한론을 반대했던 정부가, 같은 이유로 조선보다는 정벌이 용이한 타이완 출병을 적극 추진한 것이다. 조선은 오랫동안 통일 국가를 유지하고 민족의식도 강했으나, 타이완은 청국과의 관계도 다소 애매한 상태에 있는 변방이었기 때문이다. 청국은 일본 주재 공사관을 통해 일본의 타이완 출병에 대한 정보를 입수했으나, 어민 살해 사건으로부터 3년이나 지났으며 일본이 출병한다면 타이완이 아니라 조선이 먼저일 것이라고 판단하고(卽欲用武, 莫先高麗) 대비하지 않았다(白春岩, 2013).

일본 정부는 정한론의 핵심 인물 사이고 다카모리의 친동생인 육군 중장 사이고 쓰구미치(西郷従道)를 1874년 4월 5일 타이완 번지(蕃地, 미개지) 사무도독으로 임명하고 타이완 정벌 준비에 착수한다. 기도 다카요시를 비롯한 정부의 일부 참의들은 정한론은 포기하면서 타이완 출병을 하는 것은 모순이라며 반대했다. 정한론의 핵심 인물로 정부에서 물러나 있던 사이고 다카모리도 처음에는 반대했으나 동생의 설득으로 800명의 병사를 모집해 보냈다. 일본 주재 영국과 미국 공사도 타이완 정벌에 반대하는 의견을 일본 정부에 전했다. 정부는 일단 출병을 중지하기로 한다.

흔들리는 제국: 청일전쟁의 전주곡

사이고 쓰구미치는 정부의 출병 중지 방침에 관계없이 5월 2일 나가사키항에 대기 중이던 약 3,000명의 병사를 이끌고 독단으로 출병을 강행한다. 정부는 출병을 기정사실화하고 사후 승인을 할 수밖에 없었다. 1873년 1월에 징병령을 발포했으나 아직 새로운 정부군 체제가 제대로 갖추어지지 않아 사족의 힘을 빌릴 수밖에 없고, 출병을 저지할 경우 이들의 불만이 폭발할 우려가 있었기 때문이다. 3,000명 가운데 약 절반은 점령 후 계속 그곳에 거주하는 것을 전제로 모집한 식민병(植民兵)으로서의 사족들이었다.

정부 방침에 반하는 군의 독단적인 행동을 사후에 추인하는 이 패턴은 그 후 만주사변, 중일전쟁, 태평양전쟁 등에서도 반복적으로 나타난다. 군부가 정부의 제어를 벗어나 독자적인 행동을 하는 군국주의적 양태는 이때 시작된 것이다. 사무라이 중심의 구체제를 일소하지 못한 상태에서 메이지유신 정부가 수립되었기 때문이라고 한다. 메이지유신을 하부구조의 변화 없이 지배 세력의 교체만을 가져온 부르주아 혁명이라 하는 이유도 이 때문이다.

5월 6일 타이완 남부에 상륙한 일본군은 원주민들과 충돌하면서 5월 22일부터 본격적인 진압 작전을 전개한다. 일본군은 타이완 서남부의 서랴오항에 본영을 설치하고, 6월 3일에는 무단사(牡丹社) 등을 점령했다. 청국은 일본의 침략을 1871년 체결한 청일수호조규 위반이라 비난하며 철수를 요구했다. 일본은 타이완의 점령 상태를 유지하면서, 10월

2일 오쿠보 도시미치 참의를 베이징에 파견해 협상을 벌인다.

협상에서 가장 큰 쟁점은 타이완 귀속 문제였다. 일본은 청국의 통치권이 미치지 않는 타이완은 중국에 속하지 않는다고 주장한다. 청국은 타이완이 중국 영토이며, 소속 영토에 대한 통치 방식은 그 나라가 결정할 문제라고 반박했다. 타이완이 청국 영토가 아니라고 하면서 청국에 대해 배상을 요구하는 일본의 주장은 모순이다. 그러나 청국으로서는 일본의 모순된 주장을 수용하지 않으면 타이완에 대한 영유권을 포기하는 것이 된다. 협상은 약 2개월을 끌었으며, 영국 공사 토머스 웨이드(Thomas F. Wade)의 주선으로 겨우 타협이 성립한다. 일본군은 12월 20일까지 철수하고 청국은 50만 냥의 배상금을 지불한다는 내용으로, 10월 31일 '청일양국호환조관(淸日兩國互換條款)'이 체결된다. 청국은 타이완의 영유권을 확보했으나, 사실상 일본의 출병을 승인한 셈이되었다.

일본의 타이완 출병은 정한론이 좌절된 데 대한 구세력의 불만을 무마하기 위한 정략적 성격이 강하다. 꿩 대신 닭이라는 격으로, 정한론을 대신한 타이완 출병이었다. 또 출병에서부터 수습에 이르는 전 과정이 일본의 주도로 전개된다는 점에서 현실적으로 동아시아의 국제 질서가 변하고 있음을 상징적으로 보여주는 사건이다. 중화 질서 속에서 유지되어 오던 제국으로서의 청국의 위상이 흔들리면서 일본의 힘이 강해지고 있는 현실을 드러낸 것이다. 청일전쟁이 타이완 출병의 연장선상에 있다는 것을 알 수 있다. 실제로 전개 과정 등 많은 부분에서 닮았다.

타이완 출병이 마무리된 직후인 1874년 12월 이홍장은 상소문에서, 일본이 중국을 업신여겨 타이완 출병을 단행했으며, 앞으로 멀리 떨어져 있는 서양 국가들보다 가까이 있는 일본이 더 큰 화를 불러올 것이라고 일본 경계론을 설파했다(白春岩, 2013). 이후 중국은 일본의 침략에 대비해 해방(海防)을 강화하고 군비를 증강해야 한다는 인식이 생겼으나, 일본을 가상 적국으로 상정하는 데까지는 나아가지 못한다.

오키나와는 일본이다: 센카쿠 영유권 문제

청국이 류큐의 부속 섬인 미야코섬 어민 피살을 빌미로 한 일본의 타이완 출병을 인정함으로써, 류큐는 일본의 영토라는 이미지가 형성된다. 일본과 중국에 대해 양속 관계에 있던 류큐는 이 사건을 통해 일본 영유로 기울게 된 것이다. 일본은 그다음 해인 1875년 류큐에 청국과의 조공-책봉 관계를 폐지하도록 한다. 청국은 일본의 조치에 항의했고, 류큐도 조공-책봉 관계의 폐지에 저항했다(1879년 류큐번을 폐지하고 오키나와현 설립).

1880년 일본과 중국 사이에 오키나와 귀속 문제가 본격적으로 논의되기 시작한다. 일본은 타이완 정벌의 단초가 된 미야코섬과 야에야마(八重山)섬을 중국령으로 하고, 오키나와를 비롯해 그 동쪽에 있는 섬들은 일본령으로 하는 안을 제안했다. 분도개약론(分島改約案)이다. 동시에 일본은 중국에 대해, 청일수호조규에 서양 국가들과 동등한 최혜국대우 조항(중국 내에서 일본인의 통상권)을 추가할 것을 요구했다. 일본은 타이완 출병의 구실이 된 미야코섬의 영유권을 최혜국대우와 교환하고, 그 동쪽에 있는 오키나와를 일본 영토로 확정하려 한 것이다. 더 중요한 것은 이 제안에 따르면 중국은 일본에게 서구 국가들에게처럼 최혜국대우를 허용해야 하며, 일본은 중국에 대해 서구 국가와 같은 위치를 점하게 된다. 즉 일본이 중국보다 윗자리에 오르게 되는 것이다. 중국으로서는 받아들이기 어렵다. 덧붙여 이 분할안을 받아들였다면 현재 중일 간에 영유권 분쟁의 대상이 되어 있는 센카쿠(중국명 댜오위다오釣魚島)는 중국의 영토가 된다.

향덕굉(向德宏)을 중심으로 류큐 왕조의 지배층은 이 분할안 조인을 적극 반대했다. 류큐의 일본 귀속에 반대하는 세력들은 청일전쟁 때까지 저항하면서 청국의 승리를 기원했다고 한다. 청국은 당시 신장(新疆) 서북부의 이리(伊犁) 지역을 둘러싸고 러시아와 국경 획정 문제에도 직면하고 있었기 때문에 류큐 문제에 집중할 수 없었다. 1881년 2월, 러시아와 청국 사이에 이리조약(상트페테르부르크조약이라고도 한다)이 체결되고 러시아가 점령하고 있던 이리 지역은 청국에 반환된다. 일본이 요구한 분할안은 성사되지 않았다.

이 분할안이 성사되지 않음으로써 청일 간의 국경 획정은 이루어지지 않았고, 오키나와와 센카쿠에 대한 영유권도 미해결로 남는다. 결국 청일전쟁 후 일본이 타이완을 할양받으면서 류큐도 자연스럽게 일본 영토가 된다. 게다가 일본은 청일전쟁의 승리가 거의 확정된 1895년 1월에 센카쿠섬을 자국 영토로 편입해 현재에 이르고 있다(일본은 러일전쟁의 승패가 거의 결정된 1905년 1월에 독도를 자국 영토로 편입하는 조치를 취한다. 센카쿠와 독도의 영유권 문제에 대한 역사적 경위는 판박이처럼 닮았다). 만약 위의 오키나와 분할안이 성사되었다면 미야코섬 및 야에야마열도와 센카쿠는 중국령이 되고, 청일전쟁 후에는 타이완과 함께 일본령이 되었을 것이다. 또 제2차 세계대전 후에는 타이완과 함께 다시 중국으로 반환되면서 중일 간에 현재의 센카쿠 문제는 발생하지 않았을 것이다.

3. 청국과 일본 틈새의 조선

외교에 함포를 쏘다: 조선의 개항

1871년 일본은 청국과 대등한 입장에서 청일수호조규를 체결하고, 1874년에는 타이완정벌에서 청국의 양보를 끌어냈다. 이를 배경으로 일본은 미루어왔던 조선과의 국교 수립을 본격 추진한다. 한편 조선에서는 강력한 쇄국 정책을 추진하던 대원군이 1873년 12월 하야하고 고종의 친정이 시작되면서 대외 정책의 변화를 가져온다. 대원군의 실각은 일본에게도 조선과의 국교 회복에 유리한 환경을 제공한다. 조선 정부 내에서도 개국론이 부상한다. 1874년 6월에는 청국으로부터 일본의 타이완 정벌 소식과 함께 일본이 장차 조선에도 출병할지 모른다는 자문(咨文)이 전해졌다. 조선 정부는 일본과의 외교 관계를 담당하고 있는 경상감사, 동래부사, 왜학훈도를 전부 교체한다. 9월 3일 왜학훈도 현석운(玄昔運)과 부산 왜관에 파견되어 있던 일본 외무성 6등 출사(外務少記) 모리야마 시게루는 교착 상태에 있는 양국 관계를 타개하기 위해 접촉을 가진다.

다음 해인 1875년 2월, 모리야마는 옛 관례를 벗어난 서양식 대례복을 착용하고, 이전과 마찬가지로 '황' '칙' 등의 자구를 사용한 서계를 조선 정부에 제출한다. 조선 정부는 이전과 마찬가지로 서계의 자구를 문제 삼았고, 교섭은 결렬됐다. 4월 23일 모리야마는 조선을 압박하기 위해 본국에 군함 파견을 요청한다. 모리야마는 1870년 「조선국 교제 시말 내탐서」와 함께 조선 정벌의 필요성을 제기한 건백서를 정부에 제출한 인물이다. 군함 파견을 요청한 것은 그의 정한론의 연장이다. 5월 23일 운요호(雲揚號)가 부산에 파견되었다. 이어서 늦게 도착한 다이니테이보호(第二丁卯號)와 함께 부산 앞바다에서 포격 연습을 빙자한 무력시위를 한다.

그럼에도 조선 정부는 서계의 형식을 문제 삼았고, 교섭은 진전이 없었다. 남해안과 동해안을 탐측하면서 무력시위를 벌이던 일본의 운요호는 9월 20일 강화도 동남쪽 난지도에 정박한다. 함장 이노우에 요시카 이하 수십 명의 해병이 보트에 나누어 타고 초지진으로 접근했다. 강화해협을 방어하던 조선 수비병은 침입해 오는 일본 보트에 포격을 가해 물리쳤다. 다음 날 일본군은 초지진에 대대적인 포격을 가하고, 제물포(인천) 해안의 영종진에 상륙해 일대 격전을 벌였다. 근대식 무기로 무장한 일본군을 감당하지 못한 첨사 이민덕(李敏德) 이하 400~500명의 조선 수비병은 패주했다. 일본군은 군민 35명을 살해하고 무기를 약탈한 후 나가사키로 돌아갔다. 운요호의 행동은 명백한 침략 행위였다. 이 사건으로 조선 군사력의 무력함이 노정된다.

조선 조정에서는 일본과 수교하고 개항할 것인가, 아니면 쇄국을 이어갈 것인가에 대한 논쟁이 계속된다. 대원군을 중심으로 한 위정척사파들은 개항을 강하게 반대했다. 여기에 유생 대표로서 최익현이 가세하면서 반대 운동은 더욱 격렬해진다. 대원군은 하야한 이후에도 위정척사파들에게는 여전히 영향력을 가지고 있었다. 대원군은 교섭 대표인 신헌(申櫶)에게 개항을 경계하는 서한을 보내고, 정부의 연약 외교를 강하게 비판한다. 최익현은 교섭이 한창 진행 중인 1875년 2월 17일 50여 명의 유생들과 함께 도끼를 짊어지고 복합(伏閤) 상소를 한다. 목숨을 걸고 왜양(倭洋, 왜와 양이)을 배격할 것을 주장하고, 주화(主和)로 매국하는 자들을 처단할 것을 요구했다. 그들에게 개항의 대상으로서 서양 열강이나 일본은 매한가지였다.

결국 최익현은 흑산도로 유배되고, 반대파들도 개항으로 기울었다. 대원군 실각 후 영의정이 된 이유원(李裕元)이 대표적이다. 이유원은 1875년 왕세자 척(坧, 후의 순종)의 책봉 문제로 주청사로 청나라에 다녀오면서 이홍장의 회함(回函)을 받고 개항론으로 기울었다고 한다. 이홍장은 서신에서 청국이 개항을 하지 않을 수 없었음을 말하고, 조선도 일본과 "외교해야 한다"고 했다. 실학파 박지원의 손자인 박규수 역시 청나라에 왕래하면서 개항을 거스를 수 없는 대세로 인식했다. 정부는 일본의 위압적인 태도에는 불만이었으나, 개항을 받아들이지 않을 수 없는 대세로 여겼다. 청일수호조규 체결과 타이완 출병도 어느 정도 영향을 미쳤을 것이다.

일본국과 더불어 평등한 '자주의 나라'

운요호 사건으로 조선의 군사적 취약성이 드러나자, 일본은 군사적 위력을 동원해 일거에 국교를 수립하려고 한다. 그다음 해인 1876년 2월 10일 일본은 구로다 기요타카(黑田淸隆)를 전권대표로 해서 군함 8척과 600여 명의 병력을 강화도 갑곳에 상륙시킨다. 국교 교섭을 위해 군함을 파견한 것은 미국의 페리 제독이 군함 4척을 이끌고 일본에 개항을 압박한 장면과 닮았다. 국교 수립을 요구하면서 함포를 동원한 것인데, 이를 함포외교라 한다. 군사력으로 조선을 정벌하려는 정한론의 연장선상에 있는 것이기도 하다. 서양 제국주의를 흉내 낸 일본의 아시아 침략의 전형적 모습이다.

다음 날 회담이 시작된다. 일본은 회담을 운요호 사건과, 국교 수립을 위한 일본의 서계에 대해 조선 정부가 답신을 하지 않은 것을 변리(辨理, 처리)하기 위한 교섭이라고 한다. 운요호 사건을 빌미로 "서계에 대해 변리", 즉 수교를 거부한 이유를 따져 조선의 문호를 개방하겠다는 전략이었다. 회담에서 조선 정부는 서계를 거부한 데 대해 해명한다. 운요호 사건에 대해서도 논란이 있었으나 회담은 비교적 순조로웠다. 일본은 사건에 대한 추궁보다는 조선의 문호 개방을 중시했고, 조선 정부는 개방이 불가피하다고 보고 제2의 운요호 사건이 발생할 것을 우려했기 때문이다. 물론 그 과정에서 일본의 회유와 군사적 압박이 있었다. 회담 첫날 강화도 부근에 정박해 있던 일본 군함에서는 약 90발의 대포가 발사되었으며, 회담 중에는 공공연히 전쟁 불사라는 발언도 있었다. 2월 27일 조일수호조규(강화도조약)가 체결된다.

조일수호조규 제1관(제1조)은 "조선은 자주국(自主之邦)이며, 일본국과 더불어 평등한 권리를 가진다"고 규정했다. 근대 국제 체제가 도입된 이 시기에 형식적으로 모든 국가는 자주(독립)국으로 취급되기 때문에 정상적인 국가 간 조약에는 이러한 규정이 없다. 1871년의 청일수호조규에도 이 규정은 없다. 왜 이런 조항이 필요했을까. 조일수호조규에서 조선을 '자주국'이라고 규정한 것은 조선이 자주국이 아닌 요소가 있으나 자주국으로 취급해야 할 필요가 있음을 의미한다. 조선에 대한 청국의 종주권을 배제하기 위해서였다. 청일전쟁이 끝나고 체결된 시모노세키조약 제1조에도 "조선이 완전한 독립국임을 승인한다"는 표현이 있다. 1874년 베트남과 프랑스 사이에 체결된 제2차 사이공조약에서도 프랑스는 베트남을 독립국가로 승인하고 있다. 얼마 지나지 않아 프랑스는 베트남에 대한 청국의 종주권을 부정하고 베트남을 식민지화했다. 결과적으로 보면, 일본에게 있어서 '조선의 독립'은 곧 식민지화를 의미한다고 볼 수 있다.

제1조에서 조선은 일본과 평등한 독립국가라고 규정했음에도, 조규의 전체 내용은 매우 불평등하다. 일본과 조선은 개항지에서의 치외법권을 규정하고 있으나(제9관, 제10관), 개항지는 조선에만 있기 때문에 실제로는 일본에게 일방적으로 치외법권을 인정하는 것이다. 개항장에서의 상행위에 대해서도 "양국민은 임의로 무역에 종사"하도록 해서 관의 규제를 배제하고 있으나, 실제로는 조선의 개항지에 있는 일본인을 위한 것이다. 그 외에 일본은 조선 연해를 측량할 수 있으나, 조선은 일본 연해 측량권이 없다. 이처럼 조규는 일본

의 조선 접근과 일본인의 조선 진출을 용이하게 하는 일방적인 것이다. 당시 조선(인)의 일본 진출이 거의 없는 현실적 사정이 반영된 것으로 볼 수도 있으나, 조선과 일본의 역학 관계를 드러내는 것이다.

이 조규의 체결과 함께 조선은 일본을 통해 근대 자본주의적 국제 체제로 편입된다. 조규의 마지막 제12관에서 "이를 다시 바꿀 수 없으며 영원히 믿고 준수"한다고 규정하고 있듯이, 조선과 일본의 불평등 관계는 한일병합 때까지 지속된다. 조규 체결 직전까지 서계를 거부하는 등 조선은 상대적으로 우월적 지위를 견지해왔으나, 조규 체결을 계기로 조선과 일본의 관계는 역전되었다. 전체적으로 조일수호조규는 일본이 미국이나 영국과 같은 서양 열강과 체결했던 불평등 조약과 거의 같은 내용이다. 일본은 서양 열강들에게 당한 것을 똑같은 형태로 조선에 적용한 것이다. 서양에서 잃은 것을 조선과 만주에서 보충해야 한다는 요시다 쇼인의 주장이 실현된 것이라 해도 좋을 것이다.

근대 이행기의 기형적 국제 관계

조일수호조규 체결 3개월 후인 1876년 5월, 일본의 요청으로 조선은 김기수를 수신사(修信使)로 하는 약 80여 명의 사절단을 파견한다. 조선은 1607년에서 1811년까지 12차례의 통신사(1회에 약 500여 명)를 일본에 파견했으며, 일본은 통신사를 통해 조선과 중국의 문물을 받아들였다. 그러나 조일수호조규 체결과 함께 두 나라의 역학 관계가 반전되면서 사절단의 명칭도 통신사에서 수신사로 바뀌었다. 수신사는 1876년, 1880년, 1881년, 1882년 등 모두 네 차례 파견되었다. 수신사의 규모는 50~70명 정도였으며, 일본 체류 기간은 2~4개월이었다. 물론 1881년에는 청국에 83명 규모의 영선사(領選使)를, 1883년에는 미국에 보빙사(報聘使)를 파견하기도 했으나, 새로운 문물 도입은 수신사가 중심이었다.

김기수는 자기가 탄 증기선이 바다 위를 항해하는 것에 놀라워했으며, 요코하마에서 탄 기차가 순식간에 도쿄에 도착하는 데 당혹스러워했다고 한다. 수신사는 대체로 일본의 변화를 긍정적으로 받아들였고, 이것이 조선 근대화의 모델로 자리 잡게 된다. 일본이 급속하게 조선에 영향력을 확대한 데에는 이 시기에 형성된 '앞선' 일본이라는 인식이 크게 작용했을 것이다. 수신사를 통해 일본의 부국강병을 목격하게 되고, 기존의 화이관(華夷觀)에 입각해서 일본을 비하하던 태도도 약화되었다. 반대로 일본은 조선에 대한 우월의식을 형성하게 된다. 자유민권파 계열의 「유빈호치신문(郵便報知新聞)」은 김기수가 일본에 체류 중인 5월 31일, 현재 조선과 일본은 20년 전 일본과 미국의 위치와 유사하며, "매우 기쁘다"라는 취지로 보도했다. 전통적으로 우월한 지위에 있던 조선을 능가했다는 데 대한 '기쁨'이었을 것이다.

수신사 파견은 일본의 구미 사절단을 연상케 한다. 그들은 구미 사절단을 통해 구미 각국과의 힘의 차이를 실감하고, 일본 근대화의 방향성을 찾았다. 그 이후 일본은 가급적 구미 열강과의 마찰을 피하고 맹목적이라 할 정도로 급속하게 서구 문명을 받아들인다. 같은 맥락에서 일본은 수신사를 받아들여 조선과 일본의 차이를 각인시키려 했을 것이다.

1880년 7월 31일 제2차 수신사로 김홍집 일행이 파견되었다. 그들은 9월 8일까지 머물렀으며, 귀국 때는 주일 청국 공사관 참찬 황준헌(黃遵憲)의 『사의 조선책략(私擬朝鮮策略)』을 가져왔다. 황준헌 개인의 견해를 적었다는 '사의'라는 용어를 사용하고 있지만, 이 책자는 '조선을 위한 책략'으로 소개되면서 큰 반향을 불렀다. 이 책은 당시 일본에 확산되어 있는 러시아 위협론의 영향을 받아, 조선에 대한 러시아의 위협을 강조하고 있다. 구체적으로 조선은 러시아의 진출을 막는 것이 급선무이며, 이를 위해 "친중국, 결일본, 연미국하여 자강을 도모해야 한다(策朝鮮今日之急務, 莫急於防俄. 防俄之策, 如之何 曰: 親中國·結日本·聯美國, 以圖自強而己)"는 것이다. 조선은 일본과 수교했을 뿐이고 미국이나 러시아와는 접촉도 없는 상태였음에도, 러시아의 위협을 강조하고 조선과 미국의 관계를 언급한 것은 주목할 필요가 있다. 힘의 논리가 지배하는 근대 국제 체제 편입을 앞둔 조선으로서는 국가 간의 관계를 구체적으로 인식하는 계기가 되었을 것이나, 중국과 일본이 가지고 있던 러시아 위협론을 조선에 전가하는 것이기도 하다.

『조선책략』은 조선의 개방을 반대하는 보수 유생들의 반발을 샀다. 1881년 2월 '영남만인소(嶺南萬人疏) 사건'이 대표적이다. 1만 명이 넘는 영남의 선비들은 『조선책략』의 내용을 보고 눈물이 났다며 정부에 "위정척사의 대도(大道)를 밝히라"고 요구했다. 반면 『조선책략』은 개화파들에게는 당시의 국제 정세를 시사하는 자료가 되고, 1882년 5월 22일 청나라의 주선으로 미국과 수교를 맺는 데 영향을 미쳤다. 이어서 1883년에 영국과 독일, 1884년에 러시아와 이탈리아, 1886년에 프랑스와 수교하면서 조선은 근대 국제 체제로 편입되어 간다.

유길준의 양절 체제

조선이 근대 국제 체제로 편입되면서 청국과의 관계는 오히려 더 예속적 관계로 바뀌어 간다. 황준헌이 『조선책략』에서 친중국을 강조한 것은 근대 국제 체제 아래에서도 조선과의 사대 관계를 유지하려는 중국의 의도를 반영한 것이다. 1882년 체결된 '조청상민수륙무역장정'은 무역장정이었으나 실제로는 조선과 청의 관계를 명문화하고 있다. 장정은 청국에게 치외법권, 내지 통상권, 연안 어업권, 군함의 연안 항행권을 허용하고 있을 뿐만 아니라, 조선 사절의 베이징 상주를 거부하고, 조선의 왕과 북양대신(이홍장)의 지위를 동등한 것으로 규정하고 있다. 조선의 지위를 종래보다 더 격하해서 조선이 청국의 속방임을 분명히 한 것이다. 이 장정 후 조선 문제에 대해서는 이홍장이 군사·외교 등 전권을 행사하게 된다.

조선과 청의 이러한 관계는 조선이 자주국임을 규정한 조일수호조규와 배치된다. 조선은 일본에 대해서는 자주(독립)국이면서 청에게는 '속국'이라는 이중적 지위를 가지게 된 것이다. 근대적 만국공법(국제법)을 기초로 체결된 일본과는 자주(독립)국, 중국을 중심으로 하는 전통적 중화 질서에서는 속국이라는 의미다. 근대와 전근대가 병존하는 근대 이행기의 착종 현상이라 하겠으나, 부자연스럽고 기형적인 것이다. 유길준은 『서유견문(西遊見聞)』의 '방국의 권리'에서 당시 조선의 이러한 애매한 국제적 지위를 근대적 조약 체제도 아니고 전근대의 조공 체제도 아닌, 그 두 체제로부터 단절되거나 융합된 '양절(兩截) 체제'라고 옹호했으나, 당시 조선이 처한 상황을 합리화하기 위한 고육지책이었을 것이다.

여기에는 당시 조선 나름의 국제관이 작동했을 것으로 보인다. 조선은 청국과의 사대 관계는 열강의 침략으로부터 조선을 지켜줄 방어 기제로 생각하고, 일본과의 근대적 조약 관계는 메이지유신 이전의 조선과 일본의 관계를 회복한 것으로 인식했을 것으로 보인다. 일본과의 불평등 조약은 이전에 쓰시마에게 왜관을 인정했던 것의 연장으로 보면 불평등이 아니라고 볼 수 있기 때문이다. 또 다른 측면에서는 중국과의 사대 관계를 뒷배로 해서 독립을 유지하면서 근대 국제 체제에 적응해 가려는 안일한 생각을 했는지도 모르겠다.

아무튼 양절 체제는 조선에 청국 및 일본과의 관계에서 적절히 균형을 취하지 않을 수 없는 과제를 남겼다. 이를 유지해 갈 능력을 갖추면 그 나름의 외교 전략으로 작동할 수 있는 측면도 있으나, 불안정하고 부자연스럽다는 점은 부인할 수 없다. 전근대 동아시아의 조공 질서와 서구의 근대적 국제 질서가 충돌할 수밖에 없는 상황에서 조선의 국제 관계는 이렇게 기형적으로 형성되어 간다.

4. 청일 양국군, 조선에서 물러나다

대원군의 33일 천하: 임오군란

조일수호조규를 계기로 조선의 대외 정책의 흐름은 전체적으로 척화에서 개화로 바뀌었다. 수신사 파견에서 보듯이, 개화는 이를 먼저 실시한 일본이 모델이었다. 일본은 대규모 사절단을 파견하는 등 서구로부터 직접 문물을 받아들였으나, 조선의 개화는 일본을 통해 서구 문물을 받아들이는 2차적인 것이다. 조선의 개화가 '일본화'라는 일정한 한계를 가지고 출발했음을 알 수 있다. 조선의 개화가 일본을 모델로한 이상, 한반도에 대해 일본의 영향력이 확대되는 것은 불가피했다. 일본은 조선의 이른바 개화파와 관계를 긴밀히 하면서 세력 확대를 도모한다.

조선 정부는 1881년 청국의 총리각국사무아문을 모방해 삼군부를 대신하는 통리기무아문을 설치하고, 동시에 일본의 권고를 받아들여 신식 군대인 별기군(別技軍)을 창설하는 등 개화 정책을 실시한다. 앞에서 언급한 양절 체제 아래서 청국과 일본의 영향을 적절히 수용한 형태다. 개항으로 일본의 상품 및 화폐 경제가 침투하면서 농업을 중심으로 한 조선의 경제는 피폐해져 간다. 미곡을 중심으로 한 일본의 투기성 거래는 관리들의 가렴주구와 함께 농촌의 빈곤화를 부추긴다. 또 개항장을 중심으로 한 일본 상인의 행패는 민중의 원성을 산다. 이러한 민중의 불만은 당시 개화를 추진한 민씨 정권에 대한 비판으로 이어진다.

이러한 상황에서 1882년(임오년) 7월 구식 군인들에 대한 현물 급여를 계기로 군란이 발생한다. 임오군란이다. 재정 위기로 인해 13개월 동안 연체된 봉급을 불량한 쌀로 지급하면서 지급액도 터무니없이 적었다. 구식 군인들은 이러한 재정 위기의 원인을, 일본을 배경으로 한 개화 정책의 추진과 정권을 담당한 민씨 척족들의 탐욕 때문이라고 여겼다. 반란군은 병조판서 민겸호와 경기관찰사 김보현 등을 살해하고, 실각해 있던 척화파 흥선대원군에게 도움을 청한다. 그리고 일본 공사관에 불을 지르고, 별기군의 일본인 교관

호리모토 레이조를 살해한다. 하나부사 요시모토(花房義質) 공사는 가까스로 인천으로 탈출해서 귀국했다.

고종은 25일, 군란 무마를 위해 "모든 공무는 대원군이 처리한다"는 전교를 내린다. 정권에 복귀한 대원군은 통리기무아문을 폐지하고 삼군부를 부활시켰다. 난을 피해 도망을 간 민비는 사망한 것으로 간주하고, 민씨 척족들을 파직했다. 그리고 척화파를 등용해 정부를 10년 전 자기가 집권했던 체제로 되돌렸다. 전날인 7월 24일 외척 민씨들은 영선사로 청나라에 체류 중이던 김윤식과 어윤중에게 급보를 보내 북양대신 이홍장에게 원조를 청했다. 청은 8월 2일 조선의 요청을 수신하고, 이튿날 북양함대 사령관 딩루창(丁汝昌)에게는 조선으로 출동하라는 명령이 내려졌다.

일본은 청나라에 앞서, 8월 12일 공사관 보호와 군란으로 발생한 손해에 대한 책임을 묻는다며 군함 4척과 보병 1개 대대 병력 300명을 제물포(인천)에 상륙시킨다. 8월 20일, 수사제독(水師提督) 우창칭(吳長慶)이 청군 4,500명을 거느리고 남양만(경기도 화성)에 상륙한다. 나중에 중화민국 초대 대총통이 되는 위안스카이(袁世凱)를 대동하고, 영선사 김윤식도 함께였다. 8월 25일, 한성(서울)에 입성한 우창칭은 흥선대원군을 군란 배후자로 지목하고 톈진으로 압송한다. 위안스카이는 이때의 활약을 인정받고, 입신하게 된다. 대원군은 톈진으로 압송된 후 보정부(保定府)에 약 4년간 유폐된다. 대원군으로부터 사망 선고를 받고 국장까지 치른 민비는 대원군이 청국으로 압송된 후 다시 권좌에 복귀한다. 민비는 군란 중에 충주 장호원에 피신해 있었다.

청국의 무력 조치로 대원군 정권은 33일 만에 무너졌고, 모든 것은 군란 이전으로 되돌아갔다. 이 사이 일본은 병력 부족 등으로 청나라의 조치에 아무런 대응을 하지 못했다. 8월 30일(음력 7월 17일) 조선 정부와 일본은 사과와 보상(50만 냥), 일본군의 공사관 주둔 등을 내용으로 하는 제물포 조약을 체결한다. 같은 날 개항과 통상 확대를 위한 '조일수호조규 속약(續約)'도 체결된다. 부산·원산·인천에서 일본인 상인이 활동할 수 있는 영역이 50리 즉 20킬로미터로 확장되고(2년 후에는 40킬로미터로 더욱 확장됐다), 일본 관원의 내지 여행권과 서울 근교 양화진 개시(開市)가 인정되었다. 양화진의 개시로 일본 상인들은 합법적으로 서울 관문으로 진출할 수 있게 되었다. 서울에 대한 상권 확대의 교두보를 확보한 것이다.

요약하면, 임오군란으로 청의 조선에 대한 군사적 영향력은 한층 강화되었고, 일본은 경제 활동 영역을 확대했다. 따라서 조선의 정치·군사·경제적 자율성은 상대적으로 위축된다.

김옥균의 3일 천하와 일본·청국: 갑신정변

임오군란 후 조선 정부는 이홍장의 권유에 따라 마젠창(馬建常)과 독일인 묄렌도르프(Paul G. Möllendorf)를 정치고문으로 받아들이고, 1883년 1월 통리교섭통상사무아문(외교·통상 담당)과 통리군국사무아문(군·내정 담당)을 설치한다. 그리고 조선군에 대한 청국식 군제 개혁을 단행해 신건친군영(新建親軍營)을 설치한다. 이러한 조치로 조선에 대한 청의 영향력은 더욱 강화되었다.

일본과 청국에 왕래한 경험이 있고 외국 문물에 눈뜬 젊은 개화파 사이에서는 청국의 조치에 대해 국가적 위기감이 싹튼다. 특히 그들에게 청국이 대원군을 무력으로 압송해 가는 상황은 충격이었다. 게다가 재정 문제를 해결하기 위한 당오전(當五錢) 발행으로 물가가 폭등하는 등 경제적 혼란도 심화되고, 민씨 일족에 의한 문벌 정치의 폐해도 심해졌다. 이때의 당오전 발행으로 인한 경제적 혼란은 그 후 계속해서 정부의 재정을 압박해 국정 전반의 어려움을 야기하게 된다.

이러한 사정을 배경으로 임오군란 2년 후인 1884년(갑신년) 12월 4일 김옥균·박영효·서재필·서광범·홍영식 등 개화파 젊은이들은 우정국 개설 축하연을 이용해 민씨 일족과 청국 편향적인 수구파를 제거하는 쿠데타를 단행하고 새로운 정부를 조직한다. 국가의 독립을 확보하고 개화 정책을 추진하려는 젊은 개화파가 일으킨 정변(갑신정변)이다. 군사력이 부족한 개화파는 공사관을 경비하는 일본군의 지원을 받는다. 때마침 임오군란 이후 주둔하고 있던 청국군 3,000명 가운데 1,500명이 베트남을 둘러싸고 발발한 프랑스와의 전쟁에 대응하기 위해 철수한 상황이었다.

청국의 군사력이 약화된 틈을 이용해 조선에 대한 영향력을 확대하려는 일본은 개화파를 지원하면서 적극 개입한다. 당시 일본의 대표적인 계몽사상가인 후쿠자와 유키치(福澤諭吉)도 총포·화약 등을 제공해 개화파를 도왔다고 한다. 그러나 후쿠자와 본인은 갑신정변에 관여한 사실을 밝힌 적이 없다. 그가 갑신정변에 어느 정도 관여했는지에 대해서는 의문이며, 직접 개입했을 가능성은 낮아 보인다. 김옥균 등 개화파는 1881년 12월 신사유람단(조사 시찰단)으로 일본에 갔을 때 후쿠자와를 만났고 그 후에도 그와 교분을 가지고 있었던 것은 사실이다.

홍영식을 필두로 한 새 정부는 청국에 대한 사대 외교 폐지, 문벌 타파, 인민 평등, 지조법 개혁, 탐관오리 처벌 등 파격적인 개혁 정책을 공표한다. 정변 사실을 접한 위안스카이는 우의정 심순택(沈舜澤)에게 청국군 출동을 요청하도록 해서 새 정부를 공격한다. 100여 명의 개화파 직속 부대는 중과부적이었으며, 외곽 경비를 맡고 있던 약 150명의 일본군도 청국군에 밀려 퇴각했다. 일본인 30여 명이 살해되고, 일본 공사관도 불탔다. 새 정부는 3일 만에 붕괴되고 김옥균·박영효·서재필 등 개화파는 일본 공사관으로 피신한 후 공사관원들과 함께 일본으로 망명한다.

정변을 일으킨 개화파는 일본을 모델로 삼아 근대 국가 형성을 모색했다. 일본이 아시아의 영국을 지향했다면, 김옥균 등은 조선을 아시아의 프랑스로 만들려 했다고 한다. 갑신정변은 전근대적인 조선의 정치·사회 체제를 근대화하려 했다는 점에서 획기적이며, 그 이후 조선 개혁의 출발점이 되었다. 그러나 개화파는 물적 뒷받침이 부족했으며, 청국이라는 외세를 배격하기 위해 일본이라는 또 다른 외세에 의존한 정변은 성공하지 못했다. 문명개화의 길목에서 직면한 당시 조선의 현실적 한계가 개화파를 통해 여실히 드러난 것이다.

이홍장과 이토의 만남

갑신정변의 실패는 청국과 일본에도 큰 영향을 미쳤다. 청국군의 군사력에 밀린 일본군은 한반도에서 완전히 밀려났다. 개화파 지원을 통해 조선에 세력을 확대하려던 일본의 계획은 실패하고, 오히려 조선에서의 영향력을 상실하게 된 것이다. 일본에 망명한 개화파도 일본 정부로부터 냉대를 받고, 후일을 도모하기 어려워졌다. 군사력으로 정변을 무마한 청국은 조선에 대한 영향력을 획기적으로 강화할 수 있게 되었다. 일본이 조선에 대한 영향력 강화를 도모할수록 조선에 대한 청국의 지배력이 강화되는 역설적인 결과를 가져온 것이다.

갑신정변이 실패로 돌아간 지 약 보름 후인 12월 30일, 일본 정부는 2개 대대(약 1200명)와 함께 이노우에 가오루(井上馨) 외상을 전권대사로 파견했다. 이노우에는 일본의 대조선 외교에서 가장 핵심적인 인물로, 후쿠자와와 함께 조선의 개화파를 지원하기도 했다. 또 이노우에는 당시 참의로 있던 이토 히로부미와 함께 요시다 쇼인의 문하생이었다. 이토와 이노우에는 양이(攘夷) 운동의 일환으로 1863년 영국 공사관 방화 사건에 참가하고 그 후 밀항해서 같이 영국 유학을 하는 등 매우 밀접한 관계였다.

이노우에는 그다음 해 1월 9일, 조선 정부가 공식 사과하고 보상금을 지급하며 일본 공사관 건축 비용을 부담한다는 내용의 한성조약을 체결해 사건을 해결한다. 남은 문제는 약화된 조선에서의 세력을 만회하고, 강화된 청국 세력을 견제하는 것이다. 청국군이 계속 조선에 주둔하면서 실질적으로 조선을 지배하는 상태가 되는 것은 우려할 상황인 것이다.

군 일부에서는 청국과 전쟁도 불사해야 한다는 강경론이 대두하고, 후쿠자와가 경영하는 유력 신문인 「지지신보(時事新報)」는 대청국 개전론을 펴기도 했다.

다음 해인 1885년 2월 7일 각의에서는 이토 히로부미 궁내경(宮內卿)을 전권대사로 하고 타이완 정벌을 지휘했던 사이고 쓰구미치 중장을 부사로 하는 사절단을 청국에 파견해 갑신정변 당시 양국군의 충돌에 따른 피해 보상 및 책임자 처벌을 요구하기로 한다. 실은 청국과의 협상을 통해 군의 강경론을 무마하고 조선에서의 영향력을 회복하는 것이 목적이었다. 3월 14일 톈진에 도착한 이토는 4월 3일 북양대신 이홍장과 회담을 가진다. 이때 이토는 "이홍장의 위엄 서린 표정을 보고 가슴이 두근거렸다"고 한다. 이홍장과 이토는 이때의 첫 만남 이후, 청일전쟁과 시모노세키조약 체결 등에서 대척점에 서서 주역으로 활약한다.

당시 청국의 군사력에 밀려 조선에서 철수한 일본으로서는 다시 조선으로 복귀하거나 조선에서 청국 세력을 구축해야 했다. 갑신정변의 실패로 친일 세력이 붕괴한 상황에서 일본이 다시 조선으로 복귀하기는 어려웠다. 때문에 일본은 조선에서 청국군을 철수시켜 영향력을 약화시키는 것을 목표로 했다. 받아들여지지 않을 경우 전쟁도 불사한다는 것이 당시 일본의 분위기였다.

이토는 한반도에서 양국군을 동시에 철수하는 안을 제안했다. 이에 대해 이홍장은 완강히 거부했으나, 결국은 받아들였다. 프랑스와 전쟁 중이고 러시아의 남하 정책에 일본과 공동 대응할 필요가 있었기 때문이다. 청국은 정치적으로 조선에 대해 강력한 영향력을 확보하고 있기 때문에 군 주둔의 필요성이 적다고 안일하게 생각한 것이다. 임오군란과 갑신정변에서 청의 군사력에 패배한 일본으로서는 목적을 달성한 것이다. 당대의 사상가이며 개혁가인 량치차오(梁啓超)는 이홍장이 일본에 양보해 톈진조약을 체결함으로써 동학농민혁명 때 일본에 출병의 구실을 제공한 것은 큰 실수였다고 지적했다(량치차오, 2013).

교섭이 시작되기 직전인 1885년 3월 1일, 영국이 거문도를 점령하는 사건이 발생했다(1887년 2월 철수). 1884년 조선과 통상조약을 체결한 러시아는 베베르(Karl I. Weber) 주한 공사를 통해 조선 정부에 접근했다. 1885년 초에는 러시아가 부동항을 확보하기 위해 영흥만을 점령할 것이라는 풍문이 돌기도 했다. 영국의 거문도 점령은 이러한 러시아의 남하를 견제하기 위한 선제적 조처였다. 세계적 규모의 해양 세력인 영국과 대륙 세력인 러시아가 대립하는 '그레이트 게임(Great Game)'이 한반도에서 발현된 것이다. 청국과 일본은 러시아가 영국의 거문도 점령에 대항해 한반도에 군사적 영향력을 확대할 것을 우려했다. 러시아가 한반도에 영향력을 확대하면 청일 양국을 위협하게 된다. 이 점에서 청일 양국은 협력의 필요성이 있었다.

특히 일본은 개항 초기부터 러시아의 남하에 위협을 느끼고 있었다. 러시아 함대가 부동항을 얻기 위해 1861년 3월부터 9월까지 쓰시마를 점령하는 사건도 발생했다(영국의 개입으로 러시아 함대는 철수). 일본은 한반도에서 청국 세력을 구축하는 것보다 러시아 세력의 조선 침투를 막는 것이 자국의 안전에 더 중요하다고 보고, 청국에 유화적인 태도를 보이기도 한다. 갑신정변 이전에 일본이 조선의 개화파를 지원한 것도 조선에서 러시아 세력이 확대되는 것을 우려했기 때문이라는 주장도 있다. 나중에 톈진조약이 체결된 직후인 1885년 6월 이노우에 외상이 청국에 '조선 변법 8개조'를 제안한 것도 같은 맥락이다. 조선에 대한 청국의 종주권을 인정하고 양국이 조선 정책에 대해 협의한다는 내용의 8개조는 청국의 거절로 성립하지는 않았다.

한반도의 불안한 평형: 톈진조약 체제

이상과 같은 상황을 배경으로, 4월 18일 이홍장과 이토 히로부미는 갑신정변 때의 양국군 충돌에서 청국군의 불법 행위가 있었으면 청국이 이를 처벌하기로 하고, 톈진조약을 체결한다. 조약은 청일 양국이 조선에서 4개월 내에 군대를 철수해 "분쟁이 야기될 우려를 없애"고(제1조), "양국은 군사 훈련을 위해 무관을 파견하지 않"으며(제2조), "조선에 변란이나 중대 사건이 일어나 청일 양국 혹은 일국이 파병할 때에는 상대 국가에 문서로 알리"고(제2조), "사건이 진정되면 즉시 철수하고 다시 주둔하지 않는다"는(제3조) 간결한 내용이다. 이 조약에 따라 1885년 7월 일본군 약 600명, 청국군 약 2,000명이 철수했다. 이로써 한반도에는 외국군이 완전히 없어졌다. 근대 이후 한반도에서 공식적으로 외국 군대가 주둔하지 않은 유일한 시기다.

조약의 핵심은 청일 양국이 조선에 군대를 주둔시키지 않으나, 필요할 경우 조선 정부의 의사와 관계없이 출병할 수 있다는 것이다. 이해관계국들이 제삼국의 운명을 좌우하는 이러한 내용의 조약은 제국주의 시대의 전형적인 거래 행태였다. 텐진조약 체제는 다음과 같은 두 가지의 상반된 측면을 가지고 있는 매우 불안정한 것이다. 양국의 동시 파병은 군사적 충돌 가능성을 내포하고 있으므로 양국이 출병을 자제 내지 억제하는 효과가 있다. 1885년부터 청일전쟁 발발 때까지의 약 10년간 조선에서 청일 간에 군사적 충돌이 발생하지 않은 것은 이 억제 기능이 작용한 측면이 있다. 또 이 기간은 일본과 청국이 조선에 동시에 출병할 경우를 대비해 군사력을 준비·강화하는 기간이기도 했다. 동학농민혁명을 계기로 양국이 동시에 출병해 군사적으로 대치하고, 그것이 청일전쟁의 도화선이 된 것에서 이를 알 수 있다.

한편으로는 청일 양국군의 철수로 외세의 군사적 공백이 생기면서 조선의 자율성이 상대적으로 강화되었다. 조선이 이러한 상황을 어떻게 활용할 것인가, 이 체제를 유지하면서 내적으로 자강을 도모할 것인가 아니면 양국에 출병 빌미를 제공할 것인가는 전적으로 조선에 달렸다. 외국군이 존재하지 않는 자율적 공간을 어떻게 활용할 것인가는 근대 조선의 중요한 과제였으나, 결과적으로 만족할 만한 성과를 내지는 못했다.

5. 조선과 청국은 나쁜 친구:
일본의 전쟁 논리

악우(惡友)를 사절한다: 일본의 제국주의 선언

갑신정변이 실패로 끝난 지 약 3개월 후인 1885년 3월 16일 「지지신보」에는 탈아론(脫亞論, 탈아시아론)이라 불리는, 다음과 같은 논설이 실렸다. 필자는 근대 일본의 '개화'에 절대적인 영향을 미친 「지지신보」 경영자 후쿠자와 유키치였다.

일본은 (메이지유신을 통해) 국가 및 국민 규모에서 서양에서 생겨난 과학기술과 근대 문명을 받아들이기로 했다. 이것은 아시아 국가들 가운데 선구적인 것이었다. 즉 근대 문명 수용은 일본에게 탈아(脫亞)라는 의미이기도 했다. 일본은 국토는 아시아에 있으면서 국민정신은 서양의 근대 문명을 받아들였다. 그런데 불행하게도 이웃에 중국과 조선이라는 두 국가가 있다. 이 두 나라 사람들은 일본인과 마찬가지로 한자문화권에 속하고 같은 고전(古典)을 공유하고 있으나, 원래부터 인종이 다른지 그렇지 않으면 교육에서 차이가 있는지, 이 두 나라와 일본의 정신적 거리는 너무나 멀다. ……

나의 견해로는 지금의 추세대로 간다면 중국과 조선은 머지않아 국가는 망하고 국토는 세계의 문명국들에 의해 분할될 것이다. 그때는 이미 늦어 일본이 이웃 나라의 문명개화를 기다려 아시아를 일으킬 여유가 없으며, 오히려 그 무리에서 벗어나 서양의 문명국과 진퇴를 같이할 것이다. 중국과 조선을 상대하는 방식에 있어서도 이웃 나라라고 해서 특별히 동정할 것까지 없다. 실로 서양인이 이 나라들을 상대하는 방식에 따라 처분할 수밖에 없다. 악우(惡友)를 좋아하는 자는 함께 악명을 면치 못할 것이다. 우리는 진심으로 아세아 동방의 악우를 사절하는 바이다.

요약하면, 일본은 메이지유신을 통해 문명화(서구화)했으나 중국과 조선은 구습을 벗지 못해 곧 멸망할 것이다. 때문에 일본은 중국이나 조선이 아니라 서양 국가들과 행동을 같이해야 하며, 서양 제국주의 국가들이 조선과 중국을 상대하는 것과 같은 방식으로 조선과 중국을 처분해야 한다는 것이다. "악우(惡友)를 좋아하는 자는 함께 악명을 면치 못할 것이다. 우리는 진심으로 아세아 동방의 악우(조선과 청-인용자)를 사절하는 바이다"라는 구절은 이 글의 성격을 상징한다. 일본이 서양 제국주의와 마찬가지로 조선과 중국을 침략하겠다는 의도를 드러낸 것으로, 아시아에 대한 일본의 '제국주의 선언'인 셈이다.

탈아론이 나오기 전 후쿠자와는 김옥균 등 조선의 개화파와 친분이 있었고 그들을 지원하기도 했다. 위의 사설은 갑신정변이 실패로 끝난 직후에 나온 것으로, 일본이 지원하는 조선의 개화 가능성에 대한 실망의 표출이었다고 한다. 극단적인 논법을 사용하면, 개화파 지원과 같은 온건한 방법으로 조선에 대한 영향력 확대가 어렵게 되었으므로 무력 사용 등 제국주의적인 방식으로 세력 확대를 꾀해야 한다는 것이다. 일본에서는 근대화가 불가능한 조선 및 청국과는 연대가 어렵기 때문에 일본만이라도 서구화해서 서양의 압력으로부터 벗어나야 한다는 의미로 해석하기도 하는데, 글이 담고 있는 침략성을 완화하기 위한 고육적인 해석이다.

후쿠자와의 위와 같은 관점은 메이지유신 이전에 친서구적이며 아시아에 대한 침략주의 사상을 전파한 요시다 쇼인의 주장과 다르지 않다. 요시다의 아시아 침략주의가 정한론과 타이완 정벌로 현실화했다면, 후쿠자와의 탈아론은 조선 침략과 청일전쟁으로 연결된다. 그가 청일전쟁을 적극적으로 옹호한 것도 같은 맥락이다. 결과적으로 그가 주장한 개화=서구화는, 그가 청일전쟁 때에 적나라하게 보여준 대로, '문명국' 일본이 문명화하지 못한 조선과 청국을 침략하는 것을 정당화하게 된다. 이러한 측면에서 보면 근대 일본의 문명개화와 아시아 침략주의는 동전의 양면이다. 일본이 근대화로 나아가면서 아시아 침략 전쟁의 길을 걷는 이유다.

한반도가 일본을 지킨다: '이익선'

톈진조약 체제와 탈아론을 배경으로 일본은 조선에 대한 군사·안보적 인식을 보다 명확히 한다. 문관 출신의 이토 히로부미와 함께 무관으로서 메이지 정부의 두 기둥 중 하나로 평가받는 야마가타 아리토모의 팽창(침략)적 전략 개념이 그것이다.

야마가타는 내무대신과 육군대신 등을 거친 후 1889년 제3대 총리에 취임하고, 1890년 12월 일본 최초의 제1회 제국의회에서 시정 방침을 밝힌다. 거기에서 그는 "열국(列國) 사이에서 한 국가가 독립을 유지하는 데에는 단순히 주권선을 방어하는 것만으로는 결코 충분하지 않으며, 반드시 이익선을 보호해야 한다"고 역설한다. 이어서 주권선에 더해 이익선을 지키기 위해서는 군사력 확장이 불가피하다고 주장했다. 이후 일본은 청일전쟁 때까지 일반 세출의 약 30퍼센트 가까이를 군사비로 지출한다(야마다 아키라, 2019). 주권선은 국가의 주권이 미치는 범위, 즉 국경/영토를 의미하고, 이익선은 주권선의 안전에 밀접한 관계를 지닌 (주변) 지역을 가리킨다고 설명했다(大山梓 編, 1966). 유명한 주권선과 이익선의 개념이다.

야마가타의 이익선과 주권선 개념 형성에는 빈 대학(Vienna University)의 독일인 교수 로렌츠 폰 슈타인(Lorenz von Stein)의 영향이 컸다고 한다. 이토 히로부미는 1882년에 헌법 제정 준비를 위해 유럽에 체재하면서 통역을 데리고 약 2개월간 슈타인에게 국가학 수업을 받았다. 일본이 독일식 헌법 체제를 따른 것은 슈타인의 영향이다. 야마가타도 1888년 지방 제도 조사를 위해 유럽에 갔을 때 슈타인을 찾아 군사적 측면의 조언을 구했는데, 주권선과 이익선은 그때 배운 것이라 한다. 이처럼 슈타인은 근대 일본의 헌법 체제와 국방 체제에 가장 크게 영향을 미친 인물이다.

야마가타는 시정 방침 연설에서는 이익선의 범위에 대해 명확히 밝히지 않았으나, 그해 3월 아오키 슈조(靑木周藏) 외무대신에게 보내 각료들에게 회람토록 한 「외교정략론」이라는 의견서에는 일본의 이익선은 조선이라고 명시하고 있다.

위의 시정 연설은 이 「외교정략론」을 기초로 한 것이다. 인용이 길지만 당시 일본의 팽창적 대외관과 조선에 대한 인식을 살펴보기 위해 「외교정략론」의 일부를 옮겨보자.

국가 독립의 길에는 두 가지가 있다. 하나는 주권선을 방어해 남의 침해를 받지 않는 것이며, 또 하나는 주권선을 방호(防護)해 자기의 유리함(形勝)을 잃지 않는 것이다. 말할 필요 없이 주권선은 강토(疆土)이며, 이익선은 인국(隣國) 접촉의 형세가 주권선의 안위에 밀접하게 서로 관계되는 구역이다. 대체로 국가로서 주권선을 가상하지 않는 경우가 없으며, 또 이익선을 가상하지 않는 경우도 없다. 그래서 외교 및 병비(兵備)의 요체는 오직 이 두 선의 기초에 존립한다. 지금 열국에 맞서 국가의 독립을 유지하려면 단순히 주권선을 지키는 것으로는 부족하고, 나아가 반드시 이익선을 지키고 항상 유리한 형세의 위치에 서있어야 한다. …… 만약 우리에게 불리한 것이 있을 때 우리는 책임을 지고 이를 배제하고, 불가피할 경우에는 강력(무력-인용자)을 사용해 우리의 의지를 달성해야 한다. ……

우리나라 이익선의 초점은 조선이다. 시베리아철도는 이미 중앙아시아로 진행되고 있으며, 몇 년 지나지 않아 준공되면 러시아 수도를 출발해 10여 일 만에 말에게 헤이룽장(黑龍江)의 물을 먹이게 된다. 시베리아철도가 완성되는 날은 곧 조선에 많은 일이 일어나게 되는 때임을 잊어서는 안 된다. 또한 조선에 일이 일어나면 곧바로 동양에 일대 변동을 일으키는 계기가 된다는 점을 잊어서는 안 된다. 따라서 조선의 독립을 유지하는 데 어떠한 보장이 있을까? 이것이 어찌하여 우리 이익선을 향해 가장 급격한 위협을 느끼게 하는 것이 아닐 수 있겠는가. ……

조선의 중립은 청국이 희망하는 것만이 아니라 영국과 독일도 간접적으로 이해를 가지는 것이다. 그 가운데 영국에게 (조선은-인용자) 동양 이익선의 필쟁(必爭) 지역이다. 과거에 듣자하니 이홍장은 오랫동안 조선을 위해 중립 공동 보호의 방책을 품고 있었으며, 영국과 독일의 책략가들도 종종 이러한 설(說)을 가지고 있는 자가 있었다. ……

일본의 이해에 가장 급박한 것은 조선의 중립이다. 1876년의 조약(조일수호조규-인용자)은 다른 나라에 앞서 조선의 독립을 인정했다. 그 후 때에 따라 이완과 긴장은 있었지만 그러한 방향에 따랐으며, 1885년에 톈진조약이 성립되기에 이르렀다. 그런데 조선의 독립은 시베리아철도 완성과 함께 긴박해지려 하고 있다. 조선이 독립을 유지하지 못하고 베트남과 버마(緬甸)의 재판이 되면 동양의 상류(上流)는 이미 다른 사람이 차지하는 곳이 되어버리고, 그러면 직접 그 위험을 받는 곳은 청일 양국이며, 일본의 쓰시마제도의 주권선은 머리 위에 비수가 걸리는 것과 같은 형세가 된다. …… 장기적인 정책으로는 톈진 조약을 유지하거나 아니면 한 걸음 더 나아가 연합 보호의 정책으로 조선으로 하여금 공법상(국제법-인용자) 항구 중립의 위치를 가지도록 하는 것이 지금의 문제이다. …… 위에서 언급한 이익선을 보호하는 외정(外政)에 대해 필요불가결한 것은 첫째 병비(兵備)이며 둘째 교육이다. 현재의 7개 사단 준비는 주권선을 지키기 위한 것이며, 점차 충실히 해서 예비·후비를 합쳐 약 20만의 병력을 갖추게 되면 이익선을 방어할 수 있다. …… 국민 애국의 생각은 교육의 힘으로 양성 보지(保持)할 수 있다(大山梓 編, 1966).

요약하면 이렇다. 일본의 안전을 위해서는 조선이 중립(독립)이 되어야 하나 시베리아철도가 완공되면 조선에 대한 러시아의 영향력이 커지고, 일본의 안전이 위협받는다. 러시아를 저지하기 위해 일본은 청국과 협력해야 하며, 이익선으로서의 조선을 '방어'하기 위해 군비를 증강해야 한다는 것이다. 여기에서 특기할 점은 조선을 매개로 한 일본에 대한 위협은 청나라가 아니라 러시아라는 인식을 분명히 하고 있는 점이다. 일본의 진정한 적은 청국이 아니라 러시아이며, 이에 대비해 군사력을 증강해야 한다는 것이다. 결과적으로 보면 청일전쟁은 러일전쟁의 전초전이며, 러일전쟁은 일찍부터 예견된 것이었다.

야마가타가 이야기하는 조선의 중립이란 어떠한 상태를 말하는가. 형식적으로는 조일수호조규(강화도조약)에서 규정하고 있는 '조선은 자주의 나라'를 의미할 것이나, 실질적으로는 일본의 안전을 위협하지 않아야 하는 것이다. 야마가타는 중립을 유지하기 위해서는 그만한 군사력이 필요하지만, 그보다는 관련국들이 중립을 보장하는 것이 더 중요하다고 한다. 영국·러시아·청국 등이 조선의 중립을 보장하거나 조선이 자력으로 중립을 유지해야 한다는 것이다. 그러지 못할 경우에는 조선을 이익선으로 하고 있는 일본이 무력으로라도 조선의 중립을 실현해야 일본의 안전이 보장된다는 것이 그의 지론이다. 그는 "무력으로라도 조선의 중립을 실현해야 한다"는 데 방점을 두었다.

이익선은 침략선이다

이익선 개념에서 중요한 것은 "무력으로라도 조선의 중립을 실현해야 한다"는 말의 현실적 의미다. 이는 (조선이 자력으로 중립을 유지하지 못하기 때문에) 일본이 조선의 중립 보장국이 되어야 하며, 무력으로라도 조선을 일본 영향력 아래에 두어야 한다는 말이나 마찬가지다. 조일수호조규에서 일본이 '조선의 독립'을 강조하여, 청국이 조선의 종주권을 가져서 안

된다고 한 이유다.

1885~88년 사이 일본 육군대학 교관으로 근무하고 일본의 군제와 전술에 큰 영향을 끼친 독일 장군 멕켈(K. W. Jacob Meckel, 당시 소령)은 일본을 떠나면서 "한반도는 일본을 겨눈 비수와 같다"는 말을 남겼다고 한다. 한반도는 일본의 명운을 좌우할 수 있는 위협 세력이라는 뜻이다. 이러한 인식은 13세기 후반 몽골(원나라) 제국의 일본 정벌에서 연유한다. 여몽(麗蒙) 연합군은 두 번에 걸쳐 일본 정벌을 단행했으나, 현해탄의 폭풍우로 실패했다. 여몽 연합군의 일본 출병은 섬나라 일본이 외부로부터 받은 유일한 위협이었으며, 가마쿠라(鎌倉) 막부 쇠퇴의 원인이 되었다. 여몽 연합군의 일본 정벌은 그 후 일본에게 국가 존망에 대한 위기의 트라우마로 남았다. 대륙으로부터 일본을 향해 뻗어 있는 한반도의 지형과 고려의 협력이 몽골의 일본 침략을 가능하게 했다는 것이 그들의 인식이다. 여몽 연합군의 해상 진로를 막아 일본의 위기를 구한 이때의 폭풍우를 일본에서는 나라를 지켜준 '가미카제(神風, 신의 바람)'라 한다. 제2차 세계대전 때는 일본을 지키기 위해 최후의 수단으로 동원된 자살 특공대를 가미카제라 했다.

한반도를 매개로 한 일본의 위협 인식은 거꾸로 한반도가 일본 안전의 방파제라는 발상을 낳았다. 한반도에 적대적이

거나 위협적인 세력이 존재하지 않으면 일본은 안전하다는 것이다. 여몽 연합군의 일본 정벌이라는 역사적 피해의식이 야마가타에 이르러 이익선 개념으로 이론화·표면화한 것이다. 나아가 이는 일본의 안전을 위해 조선을 보호국화·식민지화할 수밖에 없다는 자기합리화 기제를 만든다.

주권선과 이익선 개념은 한반도를 시작으로 한 아시아 침략의 논리와 정당성을 제공한다. 청일전쟁은 조선으로부터 청국 세력을 몰아내 조선을 독립(중립)시키기 위한 전쟁이며, 러일전쟁은 러시아의 한반도 침략을 저지해 일본을 지키기 위한 '조국 방위 전쟁'이라는 것이다. 그들의 논리에 따르면, 한반도로부터 청나라와 러시아 세력을 몰아내기 위한 청일전쟁과 러일전쟁은 침략이 아니라 '방어' 전쟁인 것이다. 청일전쟁과 러일전쟁을 '의전(義戰)' 또는 '성전(聖戰)'이라 부르는 이유다. 나아가 만주사변은 일본의 주권선이 된 식민지 조선을 지키기 위한 이익선(만주) 확보 전쟁이며, 중일전쟁은 일본의 주권선이 된 만주국을 방어하기 위한 것이라는 논리를 낳는다.

이를 도식화하면, 일본의 조선 식민지화→만주국 건설→중국 침략→동남아시아 침략→태평양전쟁이라는 일본의 침략 노선은 주권선과 이익선을 순환론적으로 확대해 가는 과정이다. 이 순환론은 세계 정복을 통해서만 끝나는 것이다. 관동군 작전참모로서 만주사변을 일으키고 군사사상가로 알려진 이시하라 간지(石原莞爾, 중장)가 주창한 미국과의 '세계 최종전'을 통한 일본의 세계 지배, 즉 팔굉일우(八紘一宇)는 주권선과 이익선의 최종 도달점이다. 이러한 측면에서 주권선과 이익선 개념은 제2차 세계대전 이전 일본의 대외 팽창의 논리적 기반이다. 뒤집어 생각하면, 일본의 안전을 지켜주는 이익선은 조선과 중국 및 아시아 국가들에게는 침략선인 것이다.

덧붙여 주권선과 이익선의 확장적 순환론은 역설적으로 일본 패망의 원인이 된다. 제2차 세계대전이 발발하기 직전인 1941년 11월 26일 미국은, 당시 미국 국무장관 코델 헐(Cordell Hul)의 이름을 딴 '헐 노트(Hull note)'라 불리는 최후통첩을 일본에 보낸다. 일본군은 중국과 동남아시아에서 전면 철수하라는 내용이다. 일본은 결국 이를 거부하고 며칠 후 하와이의 진주만을 기습 공격한다. 일본이 헐 노트를 거부한 가장 큰 이유는 만약 일본군이 동남아시아에서 철수하면 중국 전선이 위태로워지고, 중국에서 철수하면 만주국이 위협받고, 만주가 위험해지면 식민지 조선이 안전하지 못하고, 결국에는 일본의 안전이 보장되지 않는다는 것이다. 즉 주권선과 이익선의 역순환론적 발상이다. 당시 미국은 일본이 만주나 조선으로부터 철수하는 것까지는 상정하지 않았다.

6. 조선에 출병하라:
청일전쟁의 도정

일본은 영원한 근심거리: 청국과 일본의 군사력 증강

청국과 일본은 거의 같은 시기에 군의 근대화와 군비 확장에 돌입한다. 특히 일본은 청과의 전쟁을 상정해 군사력 강화에 매진한다.

근대에 들어와 청국은 국내외적으로 군사력 증강 필요성이 커졌다. 19세기 후반에 발생한 태평천국의 난과 염군(捻軍, 화베이華北 지역의 무장 세력)의 난에 정부군은 적절히 대처할 수 없었다. 또 일본의 타이완 출병을 승인할 수밖에 없었던 것도 군사력의 열세 때문이었다. 타이완 출병이 수습된 직후, 총리아문을 시작으로 군사력 강화 필요성이 본격적으로 제기된다. 이홍장은 1874년 12월의 상소문에서 서양 국가가 아니라 일본이 "중국의 영원한 근심거리"이니 군사력을 강화해야 한다고 강조했다. 그다음 해에는 「주의해방접(籌議海防摺)」을 올려 해방(海防)을 위해서는 변법(變法, 개혁을 통한 근대화)과 인재 발탁이 필요하다고 호소했다(白春岩, 2013).

1875년 5월 30일 청국 정부는 선바오전(沈葆楨)과 이홍장을 각각 남양대신과 북양대신에 임명해 남양해군과 북양해군의 건설을 계획하고, 매년 400만 냥의 은(銀)을 투입하기로 한다. 이에 대해 가상 적국 일본을 고려해 북양해군에 집중해야 한다는 선바오전의 의견에 따라 정부는 북양해군을 집중 육성한다. 그 후 남양해군은 1883년에 발발한 청-프랑스 전쟁에서 큰 피해를 입고, 이홍장 휘하의 북양해군이 청국의 주력 해군이 된다.

이홍장은 1881년, 세계 최대인 7,000톤급 딩위안(定遠)과 전위안(鎭遠) 함을 독일에 발주해 1885년 실전 배치했다. 다음 해 딩위안과 전위안은 조선의 부산항, 원산항과 일본의 나가사키항, 러시아의 블라디보스토크항에 들러 위용을 과시했다. 나가사키에서는 청군 수병이 상륙해 일본 경찰과 난투극을 벌여 사망자가 발생하기도 했다. 이 사건으로 일본 내에서는 반청 분위기가 조성되고, 청국의 거함에 대항할 해군 건설에 박차를 가한다. 북양해군은 1891년에는 역시 독일에서 건조된 3,000톤급의 징위안(經遠)·라이위안(來遠) 등의 장갑포함과 순양함도 보유한다. 그러나 북양해군 증강은 1890년에 배수량 2,100톤의 순양함 핑위안(平遠)을 마지막으로 중단된다. 북양 해군의 예산을, 1894년에 맞을 서태후(西太后)의 환갑 준비 비용으로 전용했기 때문이라고 한다.

육군도 이홍장의 주도로 근대적 군대로 변모해 간다. 태평천국의 난을 맞아 종래 정규군이었던 팔기군(八旗軍)과 녹영(綠營)이 유명무실해지면서, 중앙 정부의 명을 받아 각 지방의 유력자가 중심이 되어 조직한 향용(鄕勇)이 군의 주축이 되었다. 그 가운데 후광(湖廣, 후베이湖北·후난성湖南省)의 유력자 쩡궈판(曾國藩)이 조직한 상군(湘軍)과 그 뒤 량장(兩江, 장쑤江蘇·안후이安徽·장시성江西省) 총독이 된 쩡궈판의 지시로 그 제자 이홍장이 조직한 회군(淮軍)이 대표적이다.

이홍장은 후광(湖広: 湖北省·湖南省) 총독을 거쳐 1870년 쩡궈판의 뒤를 이어 직예(直隸) 총독에 임명된다. 총독으로 임명되자 안후이성을 거점으로 하고 있던 휘하 회군의 근거지를 톈진으로 옮기고 북양군이라 불렀다. 이홍장의 북양군은 청의 최대 군사 조직이 되었으며, 1880년경에 10만 명 이상이었다고 한다. 이홍장은 톈진·난징(南京)·상하이에 소총과 탄약 공장을 건설하고, 독일군 교관을 초빙해 병사들을 훈련시켰다. 1885년에는 텐진에 육군사관학교에 해당하는 텐진무비학당(天津武備學堂)도 개설했다.

이처럼 이홍장은 직예 총독과 북양대신을 겸하고 북양군과 북양해군을 휘하에 둠으로써 실질적으로 청의 최고 실력자의 지위에 오른다. 북양대신은 북양해군의 통솔과 북방의 뉴좡(牛莊)·텐진·덩저우(登州, 당시 서양에는 즈푸芝罘로 알려짐) 등 3개 항구의 통상 사무를 관장하고 각국 공사와의 대외 교섭을 관할하는 외교도 담당했다. 이홍장은 형식적으로는 화베이 지역을 관할하는 북양대신이지만 실질적으로는 직예 총독과 외교장관, 통상장관, 국방장관을 겸하는 위치에 있었다. 특히 앞서 언급한 바와 같이, 1882년 '조청상민수륙무역장정' 체결 이후 조선에 대해서는 이홍장이 군사·외교의 전권을 가졌다.

일본은 임오군란과 갑신정변 때 청국의 군사력에 밀려 조선에서 물러나야 했던 경험이 있다. 청국과의 군사력 차이가 조선에서의 영향력 확대에 결정적 장애 요인으로 작용했다고 인식한 일본 정부는 군사력 증강에 박차를 가한다. 1882년 시점에서 청국과 일본의 군사력 차이는 컸다. 육군의 경우, 일본은 상비군이 1만 8,600여 명(예비역 2만 7,600명)에 지나지 않았으며, 중국은 이홍장의 회군(淮軍)만 해도 10만 명이 넘었다.

일본 정부는 임오군란 후 군비 확장 8개년 계획을 세우고, 그다음 해부터 군비 지출을 획기적으로 늘려간다. 메이지유신 후 마지막 내전이라 일컬어지는 1877년의 서남전쟁의 전비 조달로 인한 인플레이션을 해소하고 민력휴양(民力休養, 감세로 국민 생활 향상)을 위해서는 긴축 재정을 해야 한다는 요구가 높았다. 그럼에도 군사비는 1882년의 17퍼센트에서 1892년에 31퍼센트까지 늘어난다(야마다 아키라, 2019).

일본은 1873년의 징병제 실시와 함께 군의 근대화를 시작했으나, 어디까지나 국내 치안 유지용 성격이 강했다. 1877년과 1888년의 징병률은 각각 3.5퍼센트와 4.6퍼센트에 지나지 않았다(吉田裕, 2002). 임오군란이 발발한 1882년을 기점으로 육군 편제를 국내 치안 유지용에서 대륙 작전용으로 개편하고 병력을 늘려간다. 1878년에 15개 연대에 지나지 않던 병력이 1894년에는 7개 사단이 되었다. 1개 사단은 평시에는 병력 9,199명에 말 1,172두, 전시에는 병력 1만 8,500명에 말 5,500두로 구성된다. 전시에는 병력이 두 배, 말이 다섯 배로 늘어난다. 1898년에는 징병률도 10.6퍼센트에 달했다. 병력으로 보면 1872년에 2만 504명, 1885년에 6만 5,523명, 1894년에 13만 8,091명이었다(야마다 아키라, 2019).

또 1878년에는 군정을 담당하는 육군성과는 별도로 작전 및 군령을 담당하는 천황 직속의 참모본부를 설치해 군정과 천황의 통수권을 분리한다. 1886년에는 육군 중심이었던 참모본부에 해군의 군령부(해군의 참모본부에 해당)도 통합하고, 황족을 참모총장으로 해서 천황의 통수권을 보필하는 체제를 만들었다. 여기에서 일본의 군대는 정부(내각)의 통제를 받지 않고 독립적으로 통수권을 가진, 천황의 명령만을 따르는 군대가 된다. 이러한 천황의 군 통수권 독립은 1900년 메이지 헌법 제11조 "천황은 육해군을 통수한다"로 법제화된다.

즉 일본군은 일본이라는 국가의 군대가 아니라 천황의 군대라는, 근대 국가에서 보기 드문 독특한 아이덴티티를 가지게 된다. 일본군을 황군(皇軍)이라고 하는 이유다. 정부의 통제를 벗어나 천황의 명령만을 받는 이러한 군의 독립적인 지위는 정부의 통제가 미치지 않고, 군이 독단으로 만주사변과 중일전쟁을 일으키고, 후에 군이 돌출하는 군국주의로 발전하는 요인이 된다.

일본에게 절실한 것은 해군이었다. 한반도와 대륙에 대해 공세적 전략을 구사하기 위해서는 제해권 확보가 필수적이기 때문이다. 이를 배경으로 해군은 정부의 1년 예산을 능가하는 군함 건조비를 요구하는 등 적극적이었다. 정부는 담배세와 주세의 인상 등을 통해 군함 제조비를 마련했다. 1883년 중국의 전위안과 딩위안 등 거함에 대항하기 위해 4,000톤급의 전함 2척을 영국에 발주한다. 1886년에는 프랑스의 해군 기술자 루이에밀 베르탕(Louis-Émile Bertin)을 해군성 고문으로 초빙해 도쿄만의 요코스카(橫須賀) 조선소에서 청일전쟁 때 기함(旗艦)으로 활동하게 되는 4,000톤급의 마쓰시마(松島) 함과 이쓰쿠시마(嚴島) 함, 하시다테(橋立) 함 등을 건조한다. 이들 전함에는 청국의 주력함인 전위안·딩위안의 30센티미터보다 큰 구경 32센티미터의 대포를 장착한다. 일본은 북양해군이 새로운 전함 건조를 중지한 1891년 이후에도 순양함 6척(4척은 4,200톤급)을 건조한다.

청일전쟁 때의 해군력을 보면, 총톤수 즉 양적인 면에서는 청국이 우세했으나 (실제 전투에 참가한 군함의 총톤수는 그렇지 않았다) 속도 등 성능 면에서는 일본이 우세했다. 전체적으로 일본의 해군력은 1885년에는 2만 8,243톤(25척)에 지나지 않았으나, 1895년에는 7만 7,536톤(69척)으로 거의 세 배 이상 증가했다(야마다 아키라, 2019).

이러한 군비 확장과 함께 참모본부에서는 1887년 2월, 오가와 마타지(小川又次) 제2국장을 중심으로, 청국을 상대로 한 전쟁에 대비해 '대청정토책안(對淸征討策案)'을 만든다. 해군의 지원을 받아 6개 사단이 허베이성의 산하이관(山海關)에 상륙해 베이징을 공략하고, 양쯔강(장강) 연안에 2개 사단을 파견해 남쪽에 있는 청국군의 북상을 막는다는 내용이다. 이 구상은 청일전쟁에서 직예 결전으로 승계되었으나, 전쟁이 조기에 종결되면서 실시되지는 않는다. 일본군은 군비 확장 성과를 확인하기 위해 1890년 3월 28일부터 4월 5일에 걸쳐 나고야 부근의 지타반도(知多半島)에서 육군 5개 사단과 해군이 참가한 대규모 연합 훈련을 실시한다.

청일전쟁 발발 1년 전인 1893년에 일본 정부는, 추가로 일반회계 세출액 8,458만 엔의 약 23퍼센트에 해당하는 2,000만 엔 규모의 전함 건조 계획을 세운다. 증세 등의 문제로 야당이 반대해 예산 통과가 어려워지자, 이토 히로부미 총리는 천황에게 군비 확장의 필요성을 상소한다. 이에 천황은 6년간 황실 내탕금의 20퍼센트에 해당하는 30만 엔을 갹출하고, 공무원은 봉급 10퍼센트를 납부해 전함 건조비에 충당하라는 조칙을 발표한다. 청일전쟁을 앞둔 일본의 군비 확장의 단면을 볼 수 있다.

일본을 쫓아내고 개혁하자: 동학농민혁명

톈진조약 체제 성립으로 조선 정책에서 군사적 공백 상태를 맞게 된 청일 양국은 조선에 대해 정치·경제적 세력 확대에 집중한다. 북양대신 이홍장은 1885년 10월 위안스카이에게 호송 임무를 맡겨 대원군을 조선으로 송환한다. 그리고 위안스카이를 주차조선총리교섭통상사의(駐箚朝鮮總理交涉通商事宜)로 임명해 세관 업무를 비롯해 조선의 내정과 외정을 감독하도록 했다. 약관 27세인 위안스카이의 영문 직함은 'Resident'였는데, 영국이 인도에 파견한 총독대리의 의미였다(1905년 한국 통감으로 임명된 이토 히로부미도 'General Resident'였다). 종래의 중국의 조선에 대한 종주권은 '속국이지만 내정과 외정은 독립'이라는 원칙이 지켜졌다. 조선은 사실상 독립국이었다. 이홍장이 위안스카이를 파견해 조선의 내정과 외정을 간섭한 것은 일본 및 서양 국가들과의 관계 속에서 조선에 대한 종주권이 그만큼 불안정했음을 의미한다. 조일수호조규 체결과 임오군란·갑신정변을 거치면서 일본 세력의 조선 침투에 대한 불안이 컸기 때문이다. 이홍장이 "조공과 책봉은 옛날에는 그렇게 중요하지 않았지만 오늘날에야말로 중요한 관건이다"고 한 것에서 이를 엿볼 수 있다(岡本隆司, 2011).

위안스카이의 조선 정부에 대한 위세는 감국대신(監國大臣)이라 할 정도로 막강했다. 고종은 위안스카이가 임명된 다음 해 러시아 공사 베베르에게 밀서를 보내 협력을 요청하는 등 그에게 대항하려는 움직임을 보였다. 그러자 위안스카이는 베베르에게 밀서 반환을 요구하고 고종의 폐위를 획책하는 등 조선 정부를 압박했다. 경제적으로도 조-청 간의 무역이 1885년 31만 468달러에서 1893년에는 203만 9,783달러로 늘었다(이양자, 2020).

일본이 지원한 갑신정변의 실패와 톈진조약 성립으로 조선에서 정치·군사적 영향력을 상실한 일본은 경제적 침투에 집중한다. 1885년 174만 7,546달러였던 무역액이 1893년에는 349만 2,175달러로 증가했다. 일본과의 무역액이 중국을 추월한 것이다. 이러한 외국 상인의 진출로 조선 경제는 피폐해지고, 관리들의 가렴주구가 더해져 민중의 생활은 궁핍해져 갔다(이양자, 2020). 1880년에서 1893년 사이에 52건의 민란이 발생했다는 기록이 있으나, 재야 문인으로 조선 말의 당대 역사를 기록한 황현(黃玹)의 『매천야록(梅泉野錄)』에는 해마다 수십 건의 민요(民擾)가 발생했다고 적고 있다(황현은 한일병합에 비분강개해 네 수의 절명시絶命詩를 남기고 자결했다).

개항에 따른 사회·경제적 혼란과 밀려오는 외세의 압력 속에서 민심은 서학(西學)에 대응하고 만민평등을 이념으로 하는 동학(東學)으로 집결한다. 동학은 1892년에 전개된 교조(敎祖) 최제우의 신원(伸冤) 운동을 계기로 하여 정치·사회 운동으로 발전한다. 4~5월 보은에서 열린 제2차 교조 신원 운동 집회에서는 교주의 누명을 풀고 동학에 대한 탄압을 중지할 것을 요구하고, 반봉건·반외세와 함께 가렴주구를 없애기 위한 체제 개혁을 주장한다. 종교의 자유를 구현하려는 교조 신원 운동이 정치·사회에 대한 체제 개혁으로 발전한 것이다.

1894년 1월 전북 고부(古阜, 현 정읍)에서는 군수 조병갑의 가렴주구에 대항해 동학 접주(接主) 전봉준을 중심으로 농민 1만여 명이 봉기했다. 조병갑 개인에 대한 반발이 아니라 학정에 시달린 농민들의 체제 개혁 움직임이었다. 조병갑은 섬으로 귀양 가고 농민들도 해산했으나, 새로 부임한 이용태는 동학교도에 대한 탄압을 멈추지 않았다. 전봉준은 다시 봉기해 이용태를 몰아내고, 동학의 대접주인 손화중·김개남 등과 합세해 3월에 부안의 백산(白山, 원래 심미산이었으나 농민군의 흰옷이 빼곡해서 백산으로 불렸다고 한다)에서 봉기 대회를 열었다. 봉기 대회에서는 백성을 평안하게 하고, 일본인을 쫓아내고 정치를 바로잡으며, 귀족을 없앤다는 등의 행동 강령 4개조와 폐정 개혁 12개조를 발표했다. 그리고 농민군 8,000명과 함께 한성(서울)으로 향했다. 그들에게는 폐정 개혁과 함께 왜이축멸(倭夷逐滅)·탈청반민(脫淸反閔)도 주요 목표였다. 내정과 외정에 대한 대혁신을 향한 동학농민전쟁이 시작된 것이다(동학 농민군 1차 봉기). 이 봉기에 대원군이 관여했다는 설이 있는데, '왜이축멸' 같은 점에서 양자의 접점을 찾을 수 있다.

무장을 한 동학 농민군은 5월 10·11일, 전북 정읍 이평면 황토현(黃土峴)에서 이틀에 걸친 전투 끝에 관군에 대승을 거뒀다. 유명한 '황토현 전투'다. 사기가 오른 동학군은 태인·고부·함평·원평 등을 거쳐 5월 31일에는 전라도 감영이 있는 전주에 무혈입성한다. 조선 왕조의 발상지인 전라도 감영이 농민군에게 점령당하자 조정은 청국에 원병을 요청한다. 그다음 날부터 홍계훈이 이끄는 정부군과 동학군 사이에 공방이 벌어졌으며, 동학군은 6월 10일 정부군에게 27개조의 폐정 개혁안을 제시하고 휴전에 들어갔다. 전주화약(全州和約)이다. 폐정 개혁의 내용은 탐관오리 처벌, 삼정(전정·군포·환곡)의 개선, 부당한 세금 철폐, 외국 상인의 활동 금지 등이 중심이었다.

전주화약 직전에 동학군을 진압하기 위해 청군과 일본군이 조선에 상륙한다. 농민군과 정부군의 휴전은 이러한 상황을 반영한 것이다. 농민군이 내걸었던 왜이축멸과 탈청을 실현하려는 행동인 듯했다. 외세의 개입을 우려해 농민군과 정부군은 어느 쪽의 결정적 승리 없이 휴전에 돌입한 것이다. 미봉책에 지나지 않는 일시적 휴전은 상황에 따라서는 농민군의 재봉기 가능성을 열어둔 것이다.

전주화약 성립 후 농민군은 전봉준·손화중·김개남 등 지도자의 지휘에 따라 고향으로 돌아가 도소(都所, 농민군의 자치 기구)를 설치하고 폐정 개혁을 진행한다. 개혁은 정부의 소극적 대응과 지배층의 반대 등으로 큰 성과는 없었다. 7월 23일 일본군이 경복궁을 점령하는 사건이 전해지면서 농민군은 폐정 개혁에서 일본의 침략에 대항하기 위한 준비로 방향을 돌리게 된다. 후술하는 2차 봉기를 위한 준비다.

일본군은 서울에, 청국군은 아산에

동학 농민군이 전주에 입성한 그다음 날 병조판서 민영준은 위안스카이에게 원병을 요청한다. 위안스카이는 이 사실을 일본 공사관과 북양대신 이홍장에게 알린다. 이홍장은 6월 4일 약 2,000명의 군사를 조선에 파견할 것을 명하고, 25일 다시 500명을 증원한다. 일본의 이토 히로부미 내각도 주조선 공사로부터 청국군의 출병 소식을 보고받고 6월 2일 각의에서, 임오군란의 사후 처리를 위해 체결한 제물포조약 제5조를 명목으로 출병을 결정하고 준비에 착수한다. 제물포조약 제5조는 "일본 공사관에 병사 약간 명을 두어 경비하게" 한다고 되어 있다.

출병을 결정하는 각의에서는 선출한 지 3개월밖에 되지 않은 의회 해산도 동시에 이루어진다. 이토 내각은 의회의 공격으로부터 궁지에 몰려 있었는데, 조선 출병을 통해 이를 극복하려 한 것이다. 이토 내각이 국내 정치 상황을 해결하기 위해 대규모 출병을 결정하고 그것이 청일전쟁으로 연결되었다는 지적이 나오는 이유다.

청일 양국은 톈진조약의 규정에 따라 7일 정식으로 행문

지조(行文知照)를 한다. 이홍장은 조선의 요청으로 '속방 조선'을 보호하기 위해 출병하나 한성(서울)에는 진입하지 않을 것이니, 일본도 인천을 넘어서는 안 된다고 경고한다. 양국군의 직접적인 충돌을 피하기 위해서였다. 청국군은 인천이 아니라 아산만에 상륙한다. 이홍장이 신속하게 출병을 결정한 데에는 일본이 공사관 보호를 목적으로 출병한다는 정보를 입수했으나, 양국군의 충돌 가능성은 없다고 판단했기 때문이다. 일본과 청국은 공사관 보호와 동학군 진압이라는 출병 목적이 다르고, 공사관 보호에는 많은 군사가 필요하지 않기 때문에 충돌은 없을 것으로 본 것이다. 또 이토 정부와 의회가 대립하고 있는 국내 사정으로 일본은 전쟁 수행이 쉽지 않을 것이라고 전망한 것이다. 국내 사정을 출병하여 해결하려는 이토의 의도와 국내 사정 때문에 전쟁을 하지는 못할 것이라는 이홍장의 생각이 정반대였다. 적극적으로 전쟁에 임하려는 이토와 일시적 상황 대처주의로 흐른 이홍장의 이와 같은 태도가 결국 전쟁을 좌우하게 된다.

일본은 조일수호조규에 따라 조선을 청의 속방으로 인정할 수 없다고 하면서, 출병을 청국에 통고한다. 여기에서 일본의 출병 근거는 사실상 제물포조약에서 톈진조약으로 바뀌고, 공사관 보호를 넘어서는 대규모의 군을 파병한다. 청국군과 일본군의 동시 출병은 톈진조약 체제의 취약성을 여실히 드러내는 장면이다. 어느 한쪽의 출병이 자동적으로 상대국의 출병을 가져오는 구조인 것이다. 톈진조약의 존재를 알고 있는 조선 정부도 청일 양국군의 출병을 예견했을 것이다. 그럼에도 청국에 출병을 요청한 것은 청국의 힘을 빌려 동학군을 진압하는 것이 급선무라고 안일하게 판단했기 때문이다. 또 임오군란과 갑신정변 때 청국군의 개입으로 정부의 안위를 지켰다는 관성도 작용했을 것이며, "사건이 진정되면 (양국군은) 즉시 철수"한다는 톈진조약 제3조를 믿었을지도 모른다.

일본은 6월 5일 궁중에 육군 및 해군을 통합한 천황 직속의 최고 통수 기관인 대본영(大本營, 천황은 대본영의 대원수, Imperial Headquarters)을 설치했다. 대본영은 '전시 대본영 조례'(1893년 5월 22일)에 근거한 것으로 전시에 설치되는 것이 원칙이다. 대본영 설치는 이미 '전시'를 상정하고 있었다는 뜻이다. 대본영 설치 다음 날인 6일 선발대 1개 대대를 시작으로 16일에는 혼성 여단 약 4,000명을 인천에 상륙시킨다. 전주화약이 맺어진 지 10일 만에 일본군은 이미 서울에 진입한다. 일본은 전체적으로 청국군의 세 배가 넘는 약 8,000명을 조선에 파견한 것이다. 임오군란과 갑신정변 때 군사적 열세로 조선에서 밀려난 것을 만회하려는 의도였다. 일본의 출병은 공사관 보호가 아니라 조선에서 청국 세력을 몰아내고 영향력을 확대하려는 목적이었다는 것을 알 수 있다.

청국군과 일본군의 상륙 소식을 접한 동학군은, 앞서 언급한 바와 같이 6월 10일 정부와 휴전에 들어간다. 동학군은 외세에 의해 탄압을 받을지도 모른다는 우려와 함께 청국과 일본의 출병 빌미를 없애기 위해 휴전에 응한 것이다. 청국에 원병을 요청한 조선 정부도 그렇게 생각했을지는 의문이다. 외세에 대한 동학군과 정부의 인식 차이를 엿볼 수 있다. 민중들은 일찍부터 반외세적 인식을 가지고 있는 반면에 정부는 그 외세에 의존해 민중을 탄압하려는 태도를 취하고 있었던 것이다.

7. 누구를, 무엇을 위한 전쟁인가

철군은 없다, 조선을 개혁하자

전주화약으로 동학 농민군은 전주성을 정부에 내주고 해산했다. 동학 농민군 진압을 목적으로 출병한 청국과 동학 농민군에 의한 혼란으로부터 공사관을 보호한다는 구실로 출병한 일본도 명분이 없어졌다. 조선 정부는 "사건이 진정되면 (양국군은) 즉시 철수"한다는 텐진조약 제3조를 들어 양국에 철병을 요구한다. 청국의 이홍장도 일본에 동시 철군을 제안한다. 일본은 철군을 거부했다. 8,000명이나 되는 대규모 병력을 출병시킨 일본으로서는 처음부터 철군 의사는 없었다.

일본은 6월 15일 각의에서 청일 양국이 조선의 내정 개혁을 지도하고, 청이 거절할 경우 일본 단독으로 이를 실행한다고 결정해두고 있었기 때문이다. 동학 농민군이 해산함으로써 공사관과 거류민 보호라는 출병 목적이 없어진 일본은 조선의 내정 개혁이라는 새로운 목표를 설정한 것이다. 일본의 주장은, 동학 농민군이 반란을 일으킨 것은 조선의 내정이 잘못되었기 때문이므로, 이 기회에 청일 양국이 조선의 내정을 개혁해야 한다는 것이다. 이에 대해 청은 6월 21일, 내정 개혁은 조선 정부가 해야 하고 톈진조약 제3조에 따라 양국군은 철수해야 한다며 일본의 제안을 거절했다.

청으로부터 거부를 통보받은 날, 일본 정부는 즉시 제2차로 수송 부대 파견을 결정한다. 조선과 청국의 철병 요구에 일본은 파병으로 답한 것인데, 전쟁 의사를 표한 것이나 마찬가지다. 그리고 23일 일본은 조선 정부의 내정 개혁을 위한 협정안을 청국 측에 제안한다. 청국과의 철병 협의를 거부하는 이 제안을 일본에서는 청국에 대한 제1차 절교서(絶交書)라 한다. 27일 인천에 상륙한 제2차 파견 부대는 29일에는 도성 부근의 용산에 도착했다. 이로써 일본군은 서울 중심지에 1,000명, 근교에 7,000명이 주둔하게 된다. 일본에는 철병을 거부한 이유가 아무런 성과 없이 철병해서는 안 된다는 국내 강경파들의 움직임 때문이었다는 연구도 있다.

그러나 파병 규모나 느닷없는 조선의 내정 개혁 요구 등을 보면 설득력이 없다. 일본은 전쟁을 위한 구실을 찾고 있었다고 볼 수밖에 없다.

이 사이에 이홍장은 미국·영국·러시아에 일본과의 동시 철병을 주선해주도록 제안한다. 청국의 의뢰를 받은 미국과 러시아는 일본에 철병을 권고한다. 영국은 청일이 공동으로 조선의 내정을 개혁하는 데 합의하는 조건으로 동시에 철병하는 조정안을 제시한다. 영국의 조정안은 일본의 의향을 반영한 것이었다. 청일이 공동으로 조선의 내정을 개혁하게 되면 조선에서 일본의 영향력은 상대적으로 커지고, 청국의 영향력은 줄어든다. 조선을 속국으로 여기고 있는 청국은 조선의 개혁에 일본을 개입시킬 수 없다는 입장에서 영국의 제안을 거절한다.

청국이 영국의 조정안을 거절한 것을 구실로 일본은 7월 12일, 독자적으로 조선의 내정 개혁을 단행한다는 의사와 함께 제2차 절교서를 보낸다(古結諒子, 2016). 일본이 독자적으로 조선의 내정을 개혁하면 청국의 개입은 불 보듯 뻔하며, 이를 개전의 구실로 삼으려는 의도였다. 청일전쟁 당시 외상이었던 무쓰 무네미쓰는 『건건록』에서 "나에게는 조선의 내정 개혁은 정치적 목적 외에는 아무런 의미가 없었다"고 회고한다. 조선의 내정 개혁은 개전이라는 정치적 목적을 위한 구실일 뿐이라는 의미다.

전쟁이 한창 진행될 때 조선의 개혁을 명분으로 내정을 장악하기 위해 이노우에 가오루가 주한 공사로 서울에 왔다. 그는 11월 27일 고종을 알현한 자리에서 "일본 조야는 조선 문제로 반드시 청국과 전쟁을 하는 날이 있을 것으로 예견하고 준비해왔다. 이번 전쟁은 결코 우연이 아니다"라는 취지의 발언을 했는데, 여기에서도 일본의 의도를 명확히 확인할 수 있다(日本外務省, 1953).

일본이 철군을 거부한 직후인 7월 16일, 영국과 일본은 통상항해조약을 체결한다. 이 조약으로 일본은 처음으로 영사재판권(치외법권)을 철폐하고 관세 자주권을 부분적으로 회복한다. 영사재판권이라는 측면에서는 일본은 영국과 대등한 관계를 가지게 된 것이다. 청국은 아직 열강의 영사재판권을 해소하지 못한 상태였다. 일본은 1894년에서 1895년에 걸쳐 미국·프랑스·독일·이탈리아·네덜란드 등 14개국과도 같은 내용의 조약을 체결한다. 이 조약을 통해 일본과 영국의 관계는 긴밀해졌고, 일본이 청에 강경하게 대응하는 하나의 배경이 되었다.

이러한 상황에서 이홍장은 개전의 결의도 없이, 7월 17일 아산에 2,300명의 병력을 증파하는 결정을 내렸다. 증원군은 24일과 25일에 아산만에 도착할 예정이었다. 24일에

1,150명의 병력이 아산에 상륙한다. 청국의 병력 증파 소식을 접한 일본은 7월 23일, 사세보항에서 연합함대(둘 이상의 함대로 편성한 주력함대, grand fleet)를 출항시켰다. 연합함대는 25일 아산만의 길목 풍도(豊島) 앞바다에서 청국의 증원 병력을 실은 함선을 기다렸다.

조선의 개혁은 조선이 한다

독자적으로 조선의 내정을 개혁하기로 결정한 일본은, 7월 10일 오토리 게이스케(大鳥圭介) 공사를 통해 조선 정부에 개혁안을 제시하고 압박한다. 그가 제시한 내용은 중앙 정부 및 지방 제도 개혁, 내외 정무와 궁중 사무의 분리, 인재 등용 개선, 매관매직 및 관리의 부패 근절, 국도 확장 및 수리, 서울과 항구 사이의 철도 건설, 재정 정리, 군제 개혁, 교육 제도 확립 등 광범위했다.

이에 대해 조선 정부는 7월 13일 자체적으로 개혁을 위해 범정부적인 교정청을 설치하고, 18일에는 부정부패 척결을 주 내용으로 하는 12개조의 개혁안을 공표한다. 교정청 설치는 동학 농민군의 개혁 요구를 반영하고, 일본의 개혁 압박을 거부하기 위한 조선 정부의 자발적인 개혁 의지의 표현이었다. 동시에 조선 정부는 일본의 개혁 요구는 내정 간섭이라며 철군을 강하게 요구한다. 오토리 공사는 조선 정부의 교정청 설치를, 개혁을 위장한 '청국 숭배자'의 권모술수라고 자국에 보고했다. 청국에 의존한 조선 정부의 임기응변이라는 것이다.

한편 이홍장의 대리인격으로 조선에 주재하고 있던 위안스카이는 일본이 조선 정부를 압박하는 긴박한 상황에서도 속수무책이었다. 그는 조선을 떠나기로 하고 이홍장에게 본국 귀환을 요청한다. 거듭된 요청에도 이홍장이 귀국을 허락하지 않자, 7월 15일에는 병을 핑계로 귀국하겠다고 보고하고 7월 19일 조선을 떠난다. 종주국으로서의 지위를 사실상 포기한 것이다. 청국에 대한 조선 정부의 기대도 약화될 수밖에 없었다.

위안스카이가 조선을 떠난 다음 날인 7월 20일, 오토리 공사는 조선 정부에 대해 조선의 자주독립을 침해하는 청국군의 철수 및 청국과의 조약 파기를 요구한다. 조선 정부는 22일 저녁, 개혁은 자주적으로 할 것이니 청일 양국군은 철수하라는 회답을 보내 일본의 요구를 거절한다. 일본이 조선을 자주국이라고 하면서 내정 개혁을 압박하고 청국과의 관계를 단절하라는 것은 논리적 모순이다. 무쓰 외무대신이 언급한 대로 전쟁의 구실을 찾으려는 저의를 노골적으로 드러낸 것이다. 이를 반영해 지금도 일본 역사 교과서에는 청일전쟁의 원인을 대체적으로 "동학당의 난을 진압하기 위해 조선 정부는 청국에 파병을 요청하고, 청국은 군대를 보냈다. 일본은 이에 대항하기 위해 곧바로 출병했으며, 반란은 진압되었다. 일본은 청일 양국이 조선의 내정 개혁을 하자고 청국에 제안했으나, 청국이 이를 거부했기 때문에 일본 정부는 개전을 결의했다"와 같은 내용으로 기술하고 있다.

청국이 조선의 개혁을 거부했기 때문에 불가피하게 전쟁을 했다는 것인데, 속국도 아닌 조선의 개혁을 위해 일본이 전쟁을 불사하는 것은 사리에 맞지 않다. 이처럼 지금까지도 일본은 청일전쟁의 이유를 명확히 설명하지 못한다. 청일전쟁이 명분 없는 전쟁이었으며, 일본에 의해 작위적으로 만들어진 전쟁이었음을 말해 준다.

왜 일본은 전쟁을 불사하면서까지 조선을 개혁하려 했으며, 청일전쟁을 감행했는가. 조선의 개혁은 조선의 문제이며, 또 조선 정부가 개혁의 태도를 명확히 밝히고 있음에도 일본이 전쟁을 감행한 이유를 설명하기는 쉽지 않고 자료도 없다. 때로는 앞서 언급한 이익선의 개념으로 설명하는 경향도 있다. 임오군란·갑신정변·동학농민운동 등에서 보는 바와 같이, 조선의 내정이 혼란스러워지면 청국이나 러시아 등의 외세가 한반도에 개입하게 되고, 한반도에 형성된 외세는 일본의 안전을 위협한다. 때문에 조선의 내정 개혁이 필요하다는 것이다. 조선의 독립에 대해서도 같은 논법을 펴고 있으나 궁색하기는 마찬가지다. 제국주의 시대의 침략 논리는 대체로 이러했다.

일반적으로 전쟁의 목적은 전쟁을 종결짓는 강화조약으로 나타난다. 청일전쟁을 마무리한 시모노세키조약 제1조에는 "청국은 조선이 완전무결한 자주독립국임을 인정한다. 따라서 자주독립에 해가 되는 청국에 대한 공헌(貢獻)과 전례(典禮) 등은 장래에 완전히 폐지한다"고 되어 있다. 청일전쟁은 조선을 청국으로부터 분리하기 위한 전쟁이었음을 알 수 있다.

왜 일본은 조선을 청국으로부터 분리하려/분리해야 했는가. 앞서 언급한 주권선과 이익선의 개념에서 본다면, 청국이 조선에 대해 종주권을 가지고 있는 한 조선은 일본의 안전을 지켜주는 이익선이 될 수 없기 때문이다. 이익선과 주권선 개념이 당시 일본의 팽창주의와 침략주의를 설명하는 키워드라면, 결국 청일전쟁은 조선을 일본의 이익선으로 만드는 침략 전쟁이었다는 논리적 귀결에 도달한다. 야마가타 아리토모가 「외교정략론」에서 언급한 대로, 일본의 안전을 위해 무력을 사용해서라도 조선을 일본의 지배 아래 두어야 한다는 논리다.

경복궁을 점령하라: 조일(朝日)전쟁

일본은 조선 정부가 내정 개혁 요구를 받아들이지 않을 것에 대비해 경복궁 점령 계획을 준비한다. 조선의 독립과 내정 개혁을 명분으로 청국과 전쟁을 감행하면서 조선 왕궁을 점령하는 것은 자가당착이다. 어쨌든 청일전쟁은 일본의 경복궁 점령에서 시작된다.

오토리 케이스케 공사는 모토노 이치로(本野一郞) 참사관을 통해 7월 20일 용산에 주둔하고 있는 제5사단 혼성여단장 오시마 요시마사(大島義昌) 소장에게 경복궁 점령을 준비하도록 제의한다. 오시마는 경복궁을 장악하면 조선이 청과 손잡고 일본을 공격하는 것을 방지할 수 있고 또 청군과의 전투에 필요한 군수품 운반과 징발을 용이하게 한다며, 오토리 공사의 제안을 받아들이고 곧바로 계획을 수립한다. 청국과의 전쟁을 위해서는 조선 왕궁을 장악할 필요가 있는 것이다.

종래에는 일본군의 경복궁 점령을, 그 주변을 행진하던 일본군과 조선 병사들 간의 우발적인 충돌이 점령으로 비화되었다고 설명했다. 그러나 1994년 나카츠카 아키라(中塚明) 교수가 후쿠시마 현립도서관에서 육군참모본부의 『일청전사(日淸戰史)』 초안을 발견하면서, 일본군의 경복궁 점령이 사전에 계획된 것임이 밝혀졌다. 작전 계획에는 각 부대의 역할과 함께 서울에 있는 외국 공사관 방향으로 탄환이 날아가지 않게 할 것, 고종의 신체를 상하지 않도록 할 것, 그리고 제2대대 제6중대는 대원군을 경복궁으로 호위해 올 것 등의 사항까지도 적혀 있다(나카츠카 아키라, 2002).

조선 정부가 일본의 요구를 거절한 다음 날인 7월 23일 0시 30분, 제5사단은 오토리 공사의 전보를 받고 청국의 개입을 막기 위해 서울-의주-베이징을 연결하는 전신선 (1885년 부설)을 절단했다. 그리고 지휘부를 공사관으로 옮긴 후 경복궁 공격에 돌입했다. 제6중대는 남대문으로 침입해 동쪽의 건춘문을 공격하고, 일부는 서대문을 통과해 영추문을 공략했다. 폭약으로 주공격 대상인 영추문 폭파를 시도했으나 실패하고, 담을 넘어 안팎에서 동시에 부수고 들어갔다. 이때가 오전 5시였다. 그사이 제1소대는 광화문과 건춘문을 차례로 점령한다. 저항하는 조선 병사는 없었다고 일본군은 기록하고 있다.

한편 제21연대 제6중대는 예정대로 남대문으로 들어와 4시 20분경 건춘문에 도착하는데, 남대문을 지키던 조선 병사들이 총격을 가해 전투가 벌어졌다. 제6중대는 계속해서 춘생문·신무문·신거문(辰居門)을 점령하고 북쪽으로 침입했다. 일본군에 쫓긴 조선 병사들은 북쪽으로 물러나면서 전투를 이어갔으며, 전투는 7시 30분경에 일단락된다. 왕궁을 점령한 일본군은 우포장 김가진(金嘉鎭)을 앞세워 함화당에 있는 고종을 발견하고 호위병들의 무장을 해제한다. 한편 외무독판 조병직(趙秉稷)은 사태 수습을 위해 오토리 공사를 만나고 있었다.

약 세 시간 정도의 전투에서 일본군 1명이 사망하고, 조선군은 77명의 사상자를 내고 경복궁을 일본군에 내주었다. 당시 궁내에는 조선군 약 500명이 있었다고 한다. 북악산으로 퇴주한 조선 병사들은 소규모 전투를 전개한다. 국가 통치와 주권의 핵심인 왕궁 점령은 명백한 국가 간 전쟁이다. 연구자들은 이 전투를 조일전쟁(朝日戰爭)이라 부르고, 청일전쟁을 합쳐서 조청일전쟁(朝淸日戰爭)이라고도 한다.

경복궁 공격과 거의 같은 시각인 오전 3시 30분에 제11연대 제6중대는 대원군의 저택으로 향한다. 오토리 공사의 지시를 받은 대륙 낭인 오카모토 류노스케(岡本柳之助) 일행도 대원군 저택에서 합류했다. 대원군은 일본군과 낭인들의 설득에도 움직이지 않았으나, 공사관의 스기무라 후카시(杉村濬) 서기관이 말한 "일이 성사된 다음 조선국의 땅을 한 치도 빼앗지 않는다"는 약속을 믿고 11시경에 입궐했다고 한다(나카츠카 아키라, 2002).

왕궁을 점령한 일본군은 다음 날 청국에 가까운 민비 세력을 대신해 대원군을 섭정으로 해서 새로운 내각을 조직하도록 한다. 대원군은 임오군란 때 톈진으로 납치당해 3년 이상 억류당한 적이 있으나, 일본에 호의적이지도 않고 개혁적이지도 않았다. 일본과 깊은 관계를 가진 개화파 지도자 김옥균이 1894년 3월 상하이에서 암살당함으로써 친일 정권 수립이 어려운 일본은 민씨 정권의 대척점에 있는 대원군을 지목한 것이다.

왕궁을 점령한 상태에서 대원군 중심의 '괴뢰' 정권을 수립한 일본은 7월 25일 조선 정부에 청국과의 관계를 파기하고 일본에게 청국군 철수를 의뢰하도록 한다. 조선 정부는 청국에 양국 간의 조약을 폐기한다고 통고하고, 각 지방 관청에 일본군의 징발에 협력하라는 훈령을 내린다. 이로써 형식적으로는 중국의 종주권이 폐기되고, 조선·일본 대 청국이라는 대항 구도가 형성된다. 왕궁 점령과 친일 정권 수립을 통해 일본은 조선 정부의 의뢰를 받아 청국군을 철수시키기 위해 공격을 감행한다는 전쟁 명분을 확보한 것이다. 그 연장선상에서 일본은 8월 20일에는 '조일잠정합동조관(朝日暫定合同條款)'을, 26일에는 '대조선대일본양국맹약(大朝鮮大日本兩國盟約)'을 각각 체결하면서 이권 확보와 함께 조선을 전시 동맹 체제로 포섭한다.

조선은 편의 제공에 진력해야 한다: 강요된 동맹

조일잠정합동조관은 전문(前文)과 7개 조항으로 구성되어 있다. 전문은 "7월 23일 양국 병사가 한성(서울)에서 우연히 충돌한 사건(경복궁 점령-인용자)을 타당하게 처리함과 아울러 조선의 자주독립을 위한 큰 터전을 공고히 할 것을 기약하며"라고 되어 있다. 경복궁 점령은 우발적인 것이며, 전쟁은 조선의 자주독립을 위한 것이라는 점을 강조하고 있다. 경복궁 점령이 일본의 침략 행위로 그리고 전쟁이 일본을 위한 것으로 인식되면 조선의 협조를 얻을 명분이 없기 때문이다.

제1조는 일본의 내정 개혁 권고를 조선 정부가 수용해 성실히 시행한다고 되어 있다. 제2조는 경부선과 경인선 부설권, 제3조는 한성(서울)−부산, 한성−인천 간의 전신선 설치·관리권, 제4조는 목포 개항 등을 규정하고 있다. 제5조는 양측은 경복궁 점령 사건의 책임을 묻지 않는다고 했으며, 제6조는 조선의 자주독립에 관한 것은 "양국 정부에서 관리를 파견하고 협의한다"는 내용이다. 제6조를 근거로 일본은 후술하는 바와 같이, 1894년 12월에서 1895년 1월에 걸쳐 약 40명의 일본인 고문관을 정부 각 부서에 채용하도록 해서 조선의 내정을 장악하려 한다.

대조선대일본양국맹약은 제1조에서 "청국군(淸兵)을 조선 국경 밖으로 몰아내고 조선의 독립자주를 견고히 하여 조일

양국의 이익을 증진하는 것을 목적으로 한다"고 동맹의 목적을 확인하고 있다. 제2조에는 "일본은 청국과의 공수 전쟁에 임하고, 조선은 일본 군대가 진퇴할 때 양식 등 많은 사항을 미리 준비해 반드시 편의 제공에 진력해야 한다"고 규정해 조선에게 전쟁의 후방 병참 역할을 의무화했다. 마지막 제3조에서는 "이 맹약은 청일 간 강화조약 후 폐기한다"고 되어 있다. 앞의 '조관'은 전쟁에 편승해 조선에서 경제적 이권을 확보하고 내정 간섭을 정당화하기 위한 것이며, '맹약'은 조선을 일본의 전시 군사동맹국으로 편입하는 조처다. 이를 통해 일본은 조선을 동맹국으로 삼고 병참 기지화해 전투를 수행할 수 있게 된다. 동맹이라고 해도 공동의 적을 향한 것이 아니기 때문에 조선은 병력 동원은 없고 군수 물자와 군량 수송 등을 위한 인력 동원이 주된 역할이다.

조선은 일본의 병참 기지다: 전시 동원 체체

위의 조관과 맹약을 통해 조선은 일본의 동맹국으로서 병참 역할을 맡게 되었다. 구체적 양상은 이렇다. 당시에는 이동 수단이 발달하지 않아 군량 등 전쟁 물자는 현지 조달이 원칙이다. 예전에는 군대의 양식·피복과 무기·탄약 등 수송이 필요한 군수품을 치중(輜重)이라 했으며, 여기에 종사하는 군인을 치중병이라 했다. 이들 외에 운송 수단으로 말(駄

馬)을 주로 사용했다. 치중병은 민간에서 임시로 고용된 인부(人夫) 또는 군부(軍夫, 군에 임시 고용된 수송 담당 인부)라 불리는 인력을 관리하면서 수송을 담당했으며, 말과 식량 등은 현지 조달을 원칙으로 했다. 당시 일본군의 편제는 1개 사단에 전체 병력의 약 20퍼센트에 해당하는 병참 부대와 물자 수송용 말 약 2,500두가 배치되었다. 그리고 사람이나 말이 끄는 짐수레(輜重車)가 이용되는 경우도 있었으나, 도로 사정 때문에 러일전쟁 때부터 본격적으로 사용된다. 일본군에서 자동차와 같은 기계류가 이동 수단으로 본격 도입된 것은 1931년 만주사변에 즈음해서였기 때문에 만주사변 이전의 전쟁에서는 전투병에 못지않은 숫자의 수송 인력이 필요했다.

현지 조달이 원칙이기 때문에 일본군의 군수품 조달과 수송에는 많은 조선의 인력과 물자가 징발되고, 이에 대한 조선 민중의 반발도 적지 않았다. 전쟁이 시작되자 일본군은 필요한 지점에 병참부를 설치하고, 이를 통해 물자와 인력을 동원했다. 참모본부가 편찬한 『1894, 1895년 일청전사(제8권)』(參謀本部 編纂, 1907)는 "청일전쟁기에 내지(일본) 군부(軍夫) 15만 3,974명, 그 외 연인원 1,241만 명의 조선·청국·타이완인이 전지(戰地)에서 고역(雇役, 사역)을 했다"고 기록하고 있다. 약 8개월간의 전쟁 기간 동안 매월 연인원 약

150만 명이 동원된 셈이다. 조선·청국·타이완인을 합한 숫자지만, 전쟁 상대국 국민을 동원하기가 쉽지 않은 점을 고려하면 조선인이 대부분을 차지했을 것이다.『일청전쟁실기』(博文館 編)에는 "일본인 인부 1명에 조선인 10 내지 20명을 배당해 몽둥이와 채찍을 주어 다그치도록(督責) 했다"는 기술이 있다. 일본군 치중병-일본인 군부-조선인 인부라는 수직적 병참 구조가 형성되었음을 알 수 있다.

당시 조선인의 징발 규모에 대해서는 정확히 알 수 없으나, 야마무라 겐은 평양 전투 후 북으로 향하는 일본군에는 약 3만 명, 평양 이남 지역에서는 약 1만 명의 조선인이 매일 수송에 징발되었다고 분석했다. 적어도 매월 조선인 약 100만 명 이상 동원되었다는 말인데, 이 숫자는 앞의『일청전사』의 기록과 대체로 일치한다. 일본군의 식량과 말먹이로 사용되는 쌀과 보리 등도 현지 조달이었는데, 제1군 2만 7,000명과 말 6,500필을 유지하기 위해서는 하루에 쌀 151석(石)과 보리 293석이 필요했다고 한다(山村健, 2003). 매일 동원된 약 4만 명의 조선인 숫자는 당시 조선에 주둔한 일본군 약 4만 명과 거의 같은 규모다.

이처럼 일본이 조선에서 대규모의 인력과 물자를 징발할 수 있었던 것은, 앞서 언급한 '대조선대일본양국맹약' 제2조의 "일본은 청국과의 공수 전쟁에 임하고, 조선은 일본 군대

(의) 편의 제공에 진력해야 한다"는 규정을 근거로 한 것이며, 이는 청일전쟁의 승패를 좌우한 요소라 해도 과언이 아니다. 일본이 경복궁을 점령해 조선 정부를 장악한 가장 큰 이유다. 전쟁 초기 조선 정부는 청국과 일본 양쪽으로부터 협력을 요구받는 상황이었다. 지방 관리들도 이른바 종주국이었던 청의 협력 요구를 거절하기 어려웠고, 경복궁 점령으로 반일적 분위기가 조성되면서 일본군에 대해 협력을 꺼리는 경향이 있었다. 이러한 사정으로 개전 초기 조선인의 징발이 어려웠던 일본군은 예정된 출전에 차질을 빚기도 했다. 7월 21일 성환 전투에 참전하기 위해 남진을 계획했던 보병 제21연대는 인마(人馬) 부족으로 출발하지 못하는 사태가 발생하자 대대장이 자살하는 사건이 벌어지기도 했다.

그러나 위 맹약을 근거로 한 일본의 압박에 조선 정부는 지방 관리들에게 일본군에 협력하라는 훈령을 내리는 등의 조처를 취해야 했고, 지방 관리들도 훈령을 따르지 않을 수 없었다. 일본군이 필요에 따라 설치하는 병참부에 조선 관리가 파견되어 일본군의 요청에 협력하는 체제를 갖춘다. 특히 평양 전투에서 일본군이 승리하고 청국군이 압록강 이북으로 후퇴하면서부터 이러한 경향은 더욱 두드러진다. 평양 전투 후 제1군의 요청에 따라 인력·우마·식량의 징발 등이 빈번해진 것이다. 그리고 북쪽으로 갈수록 인력이 부족해 남쪽 지

방 사람들을 동원하고, 만주 전투에서도 조선인이 징발됐다

징발에 대한 보상은 "무상(즉 강제)이거나 부당하게 싼" 임금이었다고 한다. 징발이 어려웠던 전쟁 초기에는 일본인과 거의 같은 임금이 지불되었으나, 조선 정부와의 협력 체제가 구축되고부터는 임금도 삭감된다. 임금 체계에 더해 가혹한 노동의 강요와 반일 분위기는 조선인의 반발을 불러온다. 『일청전쟁실기』에는 11월 4일 의주로 향하던 부대가 인부 2,000명과 소 150두를 징발해두었으나, 비가 온 그다음 날 아침에 보니 소 두 마리와 인부 10여 명밖에 남아있지 않았다고 한다. 비를 핑계로 도망을 간 것이다.

어쨌든 청일전쟁에서 일본군은, 조선의 후방 지원 및 조선 인부들의 군수 물자 운반 등이 없었다면 전쟁 수행이 불가능했을 것이다. 반면에 조선 정부는 조선의 '독립을 지원'한다는 명목으로 강요된 동맹 체제를 받아들이지 않을 수 없었다. 이러한 과정을 통해서 일본은 전쟁의 기반을 마련했고, 조선은 일본의 전시 체제 아래에 놓였다.

8. 일본은 진보주의의 전사다:
청일전쟁

기선을 제압하다: 풍도 해전과 성환 전투

일본이 철군을 반대하고 청국에 절교서를 보내는 등 도발적인 움직임을 보이자 청국 정부 내에서는 전쟁 불가피론과 함께 준비 부족을 이유로 전쟁을 피해야 한다는 온건론이 대두한다. 직접 전쟁을 감당해야 하는 북양대신 이홍장과 청의 실질적 지배자인 서태후는 온건론에 가까웠다. 반면 젊은 광서제(光緖帝)를 중심으로 한 측근들은 강경론을 폈다. 특히 회갑을 맞은 서태후는 자축을 위해 그해를 조용하게 보내고 싶었다고 한다.

이러한 양측의 의견 차이로 명확한 정책 결정을 하지 못한 상태에서, 이홍장은 일본의 움직임을 견제하기 위해 7월 17일 조선에 소규모의 증원군 파견을 결정한다. 전쟁을 피하면서 증원군을 파견하는 애매한 태도가 일본의 강경책을 불렀다는 평가도 있다. 청국의 움직임을 파악한 일본 정부는 같은 날 청국에 "24일을 지나도 회답하지 않고 병사를 증원하면 우리나라(일본)에 대한 위협 행위로 간주한다"는 최후통첩을 보내고, 개전을 결정한다. 24일과 25일로 예정된 청국군의 아산만 도착에 대비해 7월 23일 일본 연합함대가 사세보항을 출발한 것이다. 경복궁 공격과 같은 날이다.

25일 오전 7시, 아산만 길목의 풍도 앞바다에서 기다리고 있던 연합함대의 순양함 요시노·아키쓰시마·나니와 함이 청국의 지위안·광이 함을 발견하고 포탄을 퍼부었다. 일본의 해군 군령부 편 『이십칠팔년 해전사(海戰史)』는 청국의 지위안 함이 먼저 발포했다고 기록하고 있으나, 전쟁을 정당화하기 위한 일본 군부의 사실 왜곡이다. 일본 함대의 공격을 받은 지위안과 광이 함은 도망쳤다. 이어서 '차오장(操江)' 함의 호위를 받으며 청국 병사를 수송하던 가오성호(高陞號)가 공격받는다. 가오성호는 영국 선적으로 상선기를 게양하고 있었다. 일본 군함의 공격을 받은 가오성호는 타고 있던 청국 병사 1,100명과 함께 침몰하고, 호위함 차오장호는 나포되었다. 가오성호를 침몰시킨 나니와호의 함장은 러일전쟁을 결정적 승리로 이끈 쓰시마 해전(동해 해전)의 영웅 도고 헤이하치로(東鄕平八郎, 당시 대좌)였다. 나포된 차오장 함은 그 후 약 70년 가까이 일본에서 사용되었다.

가오성호 선장과 3명의 영국 군인은 구조되었으나, 물에 빠진 청국 병사 약 900명은 일본군의 사격을 받으면서 익사했다. 나머지 200명은 자력으로 육지에 상륙했다. 물에 빠진 병사에게 총격을 가해 사망케 한 일본군의 야만적 행위(가오성호 사건)는 국제사회의 비난을 받았다. 이 풍도 해전에서 일본 측 사상자는 없었다. 청국 군함 5척이 침몰했다.

풍도 해전에 이어 경복궁을 공격했던 주력 부대인 병력 3,000명의 오시마 혼성 제9여단은 25일 서울을 출발했다. 기병 46기, 산포 8문, 병참 부대를 포함한 부대였다. 형식적으로는 26일 체결된 '대조선대일본양국맹약'을 근거로, 조선 정부의 의뢰를 받은 일본군이 청국군을 공격하기 위해서였다. 29일에는 성환, 30일에는 아산에 주둔하고 있는 청국군을 기습했다. 청일전쟁 최초의 육상 전투다. 풍도 해전의 가오성호 사건의 영향으로 청국군은 증원군의 지원도 받지 못하고 사기가 떨어진 상태에서 패하고 말았다. 녜스청(聶士成)이 지휘하는 청국군은 약 3,400명이었고 일본군은 약 3,000명이었는데, 사상자는 일본군 88명, 청국군 500명 이상이었다. 약 4시간 만에 성환을 점령당한 녜스청 부대는 아산에 주둔하고 있던 병사들과 함께 공주의 예즈차오(葉志超) 제독 부대와 합류해 평양으로 후퇴했다.

이 전투에서 숨이 끊어질 때까지 돌격 나팔을 입에서 떼지 않은 나팔수의 미담이 일본에 전해져 국민들을 흥분시켰다고 한다. 이 미담이 청국에는 거꾸로 청국군의 승리 에피소드로 전해졌다고 한다. 양쪽 다 날조된 군의 선전술이었다. 성환 전투 후 일본군은 청군을 추격하지 않고 후속 지원 부대를 기다리면서 체제를 정비했다. 이렇게 해서 해상과 육상에서 전투가 시작되었다. 청일전쟁이다.

중국 측의 기록에는 녜스청이 이홍장에게 서울의 일본군을 먼저 공격해야 한다고 건의했으나 이홍장이 이를 묵살해 성환 전투에서 패했다고 한다. 사실이라면 일본군이 경복궁을 공격했을 때 종주국으로서 조선군과 협력해 서울 공격을 시도하지 않은 것도 의문이다. 전쟁 준비가 되어 있지 않았거나 전쟁을 피하려고 소극적으로 행동했다고 볼 수밖에 없다.

문명과 야만의 싸움: 의전(義戰)

풍도 해전과 성환 전투를 거치며 양국은 본격적으로 전쟁에 돌입한다. 7월 30일 청국은 베이징 주재 각국 공사에게 일본의 도발로 전쟁이 발발했다고 알리고, 31일에는 일본에 청일수호조규의 폐기와 국교 단절을 통고한다. 8월 1일에는 청일 양국이 선전포고를 함으로써 국제법상으로 전쟁이 공식화된다. 일본 천황은 '청국에 대한 선전 조칙(宣戰詔勅)'에서 개전 과정과 전쟁 목적을 다음과 같이 밝힌다. 일본은 공사관 보호를 규정한 제물포조약에 근거해 조선에 파병했으며, "동양의 평화를 유지하기 위해 공동으로 조선의 내정을 개혁하자고 청국에 제안했으나 청국은 갖가지 구실을 내세워 이를 거절했다. 그래서 제국(일본)은 조선에 독립을 권하고, 비정(秕政)을 개혁하고 치안을 튼튼히 하여 독립국으로서의 권의(權義, 권리와 의무)를 가지도록 했으며 조선도 이를 수긍했다. 그러나 청국은 줄곧 뒤에서 이를 백방으로 방해"하므로 불가피하게 "선전포고를 하지 않을 수 없다"고 말이다. 일본은 국제적으로 조선의 독립과 내정 개혁이 전쟁 목적이라고 공식화한 것이다.

야마가타의 이익선 논리에 따르면 일본의 안전을 위해서는 조선의 독립(중립)이 확보되어야 하나, 중국이 이를 반대하기 때문에 일본은 자국의 안전을 위해 한반도에서 청국의 영향력을 배제하고자 전쟁을 감행한다는 정당방위의 논리가 성립한다. 앞서의 일본 교과서 기술에서 보듯이, 일본에서는 이 조칙의 내용에 근거해 청일전쟁은 조선의 독립을 지원하기 위한 전쟁이었다는 편향된 견해가 널리 퍼져 있다. 그러나 조선의 독립과 내정 개혁은 내용적으로 양립할 수 없는 것이다. 내정 개혁의 강요 그 자체가 조선의 독립을 해치는 행위이기 때문이다.

위 조칙에는 조선의 개혁(문명화)을 가로막고 거부하는 반개혁(야만) 세력인 청국을 문명국 일본이 '응징'한다는 의미가 내포되어 있다. 당시 제국주의 침략을 정당화하는 사회진화론(Social Darwinism)에서는 문명국이 야만국을 응징, 지배하는 것은 자연스러운 것이었다. 여기에서 독립과 개혁을 반대하는 수구(봉건, 야만) 세력으로서의 청국, 독립과 개혁을 주창하는 문명국 일본이라는 작위적인 이미지가 형성된다. 문명과 야만이라는 청일전쟁의 대립 구도는 후쿠자와 유키치의 논설에서 더욱 명확히 드러난다. 1894년 7월 29일의 「지지신보」에는 "청일전쟁은 문야(文野, 문명과 야만)의 전쟁이다"라는 제목의 논설이 실렸다. 논설은 앞서 언급한 탈아론과 같은 맥락이다.

그들(청국인-인용자)은 완고하고 무지해(頑迷不靈) 보통의 도리를 이해하지 못하고, 문명개화의 진보를 보고도 기뻐하지 않을 뿐만 아니라, 반대로 진보를 방해하려고 무법(無法)하게도 우리들(일본-인용자)에게 반대의 뜻을 표했기 때문에 불가피하게 일이 여기(전쟁-인용자)에 이르렀다. …… 수천 명의 청국 병사들은 모두 무고한 인민으로 이들을 전부 죽게 하는 것은 측은해해야 한다. 하지만 세계의 문명 진보를 위해서 그 방해물을 배제하는 데 다소의 살풍경(殺風景)이 펼쳐지는 것은 도저히 피할 수 없으며, 그들도 불행하게 청국의 부패 정부 아래서 태어난 어쩔 수 없는 운명으로 체념할 수밖에 없다.

당시 일본 기독교계 지도자로서 러일전쟁 때는 전쟁 반대론을 강하게 주장했던 우치무라 간조(內村鑑三)도 「국민지우(國民之友)」(1894년 9월 3일)라는 잡지에 발표한 "청일전쟁의 의(義)"라는 제목의 논설에서, 청일전쟁을 신문명국 일본과 구문명국 청국이 싸우는 의전(義戰)으로 규정한다.

이번에 (청일 간에-인용자) 갈등이 시작되고 평화가 파괴되기까지 두 달이 걸렸다. 우리들은 시종일관 조선의 독립과 안전(保安)을 유지하고 베이징 정부에 일본과 협력해 한반도 정치의 개혁에 종사하도록 촉구했다. …… (청국은) 우리들의 개량적 방침을 얼마나 방해했던가. …… 공자를 배출한 중국은 지금은 성인(聖人)의 길을 모른다. 부실불신(不實不信)의 국민에 대한 문명국의 길은 오직 철혈(鐵血)의 길이다. 철혈이 정의를 추구하는 길이다. 그러나 지금 법리적 변론을 하지 않고(우리가 이를 경시하는 것은 아니다-원주) 역사적으로 고찰해보면, 중국과 일본의 충돌은 피할 수 없는 것이다. 신문명을 대표하는 소국이 구문명을 대표하는 대국과 서로 인접해, 양자가 결국 필사의 충돌을 하지 않은 것은 역사적으로 아직까지 그 예가 없다. …… 일본은 동양에 있어서 진보주의의 전사(戰士)다. 그렇기 때문에 우리의, 진보의 큰 적인 중국 제국을 제외하고 일본의 승리를 바라지 않는 자는 세계 어디에도 없을 것이다. …… 우리들은 조선전쟁(청일전쟁-인용자)을 의전(義戰)으로 규정한다. 그것은 전쟁이 끝난 후에 더욱 분명해질 것이다(內村鑑三, 1953).

후쿠자와와 우치무라의 언설에서 보이는, 개혁을 지향하는 문명국 일본과 이에 반대하는 야만의 나라 청국이라는 대립 개념은 일본 국민에게 우월의식을 심어주면서 전쟁 선동의 논리로 작용한다. 청일전쟁을 문야의 전쟁 즉 문명과 야만의 전쟁으로 규정함으로써 야만에 대한 응징의 심리를 부추겨 일본 국민들을 보다 쉽게 전쟁에 동원할 수 있는 것이다.

전략 없는 전쟁: 청국

전투가 본격적으로 전개되자 일본 대본영은 8월 4일 '작전 대방침'이라는 기본 전략을 완성해 천황의 재가를 받는다. 작전 대방침은 1887년 2월 작성한 '대청정토책안(對淸征

討策案)'을 기반으로 한 것이다. 작전 대방침은 발해만 연안에 육군 주력 부대를 상륙시켜 베이징을 공략하는 '직예(直隷) 결전'을 목표로 하고, 이를 위해 2단계 작전을 구사하는 것으로 되어 있다.

제1단계에서는 한반도에 제5사단을 파견해 조선을 장악하고, 해군은 북양함대를 격파하고 황해와 발해만의 제해권을 장악한다. 제2단계는 제1단계에서의 제해권 향방에 따라 세 가지 작전을 준비한다. 첫째, 제해권을 장악할 경우는 베이징 부근의 직예평야에서 결전을 치르고 둘째, 일본 근해의 제해권만을 장악한 경우는 조선에 육군을 증파해 한반도를 확보하고 셋째, 제해권을 상실했을 경우에는 조선에 있는 제5사단을 지원하면서 국내 방위를 한다는 것이다(原田敬一, 2008).

제1단계에서 해군이 제해권을 확보하느냐의 여부에 따라 제2단계가 결정된다. 앞서 언급한 바와 같이, 천황이 내탕금을 제공할 정도로 일본이 해군력 증강에 힘쓴 이유다. 실제로 전쟁은 대체적으로 이 전략에 따라 진행되었으나, 조기에 강화가 이루어지면서 직예 결전은 실행되지 않는다.

청국은 일본의 군사력 강화와 조선 침략에 대해 우려는 하고 있었다. 하지만 실제로 일본과의 전쟁을 상정해서 대비하지는 않았다. 그렇기 때문에 구체적인 군사 전략이라 할 것이 없었다고 해야 할 것이다. 뿐만 아니라 일본은 이토 히로부미 총리와 무쓰 무네미쓰 외상이 대본영 회의에도 참석하는 등 군사·외교·정치를 통괄하는 체제를 형성하고 있었으나, 청국은 매우 분산적이었다. 광서제가 친정을 한다고는 하나 실질적인 권력은 서태후가 장악하고 있었으며, 중앙 정부도 외교를 담당하는 총리아문과 군무를 소관하는 군기처의 관계가 원활하지 않았다. 개전 두 달이 지난 9월 29일에야 일단 공친왕(恭親王) 혁흔(奕訢)이 군사·외교를 통할하게 되나, 큰 의미는 없었다.

외교 부문에서도 마찬가지였다. 총리아문은 무역항 전체를 관할하지만 거의 결정권이 없고, 조선에 대해서는 북양대신 이홍장이 군사 외교의 전권을 가지고 있었다. 따라서 조선을 둘러싼 이 전쟁은 중국의 전쟁이 아니라 이홍장의 전쟁으로 인식되는 경향이 있었고, 실제로도 그런 측면이 강했다. 이를 가리켜 량치차오는 "일본은 중국이 아니라 이홍장한 사람과 전쟁을 한 것이다"라고 했으나(량치차오, 2013), 이홍장도 전쟁을 준비하지는 않았다.

평양 전투에서 패배한 이후 성징장군(盛京將軍) 쑹칭(宋慶) 휘하의 동삼성(東三省) 연군(練軍)이 참가하고, 량장(兩江) 총독 류쿤이(劉坤一)가 흠차대신으로 산하이관 이동(以東)의 병권을 쥐게 되면서 국가적인 성격을 띠는 측면도 있었다. 하지만 통수권의 불일치 등으로 효율적인 전략을 구사하지 못한다. 병력은 개전 시에 약 30만(북양군 약 17만 명과 약 6만 5,000두의 말)의 정규군을 가지고 있었으나, 훈련이 제대로 되어 있지 않았고, 전투가 계속되면서 신병을 모집해 부대를 편성하기도 했다. 해군은 앞서 언급한 바와 같이, 서태후가 북양해군의 예산을 사적 경비로 사용하면서 1890년 이후 거의 작동하지 않게 된 상태였다. 남양해군도 청-프랑스 전쟁(1884~85)에서 프랑스 해군에 참패하면서 기능을 하지 못했다.

요약하면 청국과의 전쟁을 염두에 두고 준비한 일본과 달리 일본과의 전쟁을 상정하지 않은 청국은 전략과 군사력에서 상당한 차이가 있었다. 청국은 전략 없는 전쟁을 치르게된 것이다.

작전상 후퇴: 평양 전투 패배와 청군의 한반도 철수

성환 전투에서 승리한 후, 7월 30일 일본은 제5사단의 후속 부대를 한반도로 급파한다. 서울(한성)로 들어가기 위해서는 인천에 상륙하는 것이 효율적이나, 제해권이 확보되지 않아 서해 루트로 군을 수송하는 것은 위험했다. 풍도 해전에서 승리하긴 했으나, 청국의 북양함대에는 딩위안이나 전위안 같은 거함이 아직 건재하기 때문이다. 제5사단은 북양함대의 영향력이 미치지 않는 부산과 원산에 상륙해 서울로 집결하기로 한다. 서울과 부산은 약 400킬로미터, 원산과 서울은 200킬로미터였다. 8월 4일 부산에 도착한 사단 사령부는 8월 19일에 서울에 도착했다. 8월 5일에 원산에 도착한 부대는 8월 하순에야 서울에 도착한다. 원산에 도착한 부대가 서울로 물자를 이동하기 위해 조선인 인부들을 동원했으나, 무더위 탓에 이탈자가 속출하는 등 물자 수송이 원활하지 못했기 때문이다. 그 이후 일본군은 물자 이동의 어려움 등을 고려해 육로가 아닌 해로를 이용해 인천항에 상륙한다. 제5사단에 이어 후속 부대로 8월 말 제3사단이 나고야를 출발해 인천으로 향했다. 북양함대의 소극적인 활동으로 해상에서 거의 방해를 받지 않았다. 대본영은 9월 1일, 제5사단과 제3사단을 합쳐 제1군을 편성하고 추밀원 의장인 야마가타 아리토모를 사령관에 임명해 전투태세를 정비한다.

성환 전투에서 패한 청국군은 가오성호 사건의 영향으로 해로가 아닌 육로로 평양에 집결한다. 서울에 있는 일본군을 피해 청주·진천·충주·괴산 등을 거쳐 한강을 도하하고, 다시 제천·원주·김화·수안·상원을 거쳐 대동강을 건너 평양으로 갔다. 배고픔과 질병을 견디며 한 달 이상 걸려 평양에 도착한 청국군도 전열을 정비한다. 그리고 본국에서 의주를 거쳐 육로를 이용해 29영(營)이 평양에 도착한다. 1영은 약 350명이므로 전체 1만 명 정도다. 애초부터 이홍장은 평양에 대군을 집결시켜 서울에 집결하는 일본군과 대치하는 작전을 구상했다. 1593년 임진왜란 당시 평양 전투에서 명나라가 승기를 잡은 것과 같은 맥락이다. 성환과 아산에서 후퇴한 것은 평양에서 결전을 벌이기 위한 작전의 일환이었다.

평양에 집결한 부대의 총지휘는 아산과 성환 전투를 지휘한 예즈차오 제독이 맡았다(그는 평양과 주롄청九連城 전투 등에서 계속 패하면서도 거짓 보고를 올려 은 2만 냥을 하사받고 총사령관으로 승진하나, 후에 거짓이 드러나 파면당하고 투옥된다). 이로써 서울을 중심으로 한 일본군과 평양을 교두보로 하는 청국군이 대치하는 상황이 만들어졌다. 육로를 이용한 청국의 증원군이 평양에 도착하자 대원군도 일말의 기대를 걸었다고 한다.

청국군은 평양성의 보루를 정비하고 전투태세를 가다듬었다. 평양성이 견고하기는 하나, 본국으로부터 보급을 받기에는 너무 멀었다. 한편 청국으로 돌아간 위안스카이는 이홍장의 명에 따라 평양 전투의 보급을 담당하기로 했으나, 전투가 일찍 끝나면서 그의 역할은 없었다. 예즈차오는 보급이 쉬운 압록강으로 퇴각해 싸우는 방안도 제시했으나, 장수들이 반대했다. 조선에 대한 종주권을 지키기 위해서는 한반도로부터의 철수는 명분이 없었기 때문이다. 펑톈(奉天, 현 선양)군 총병 쭤바오구이(左寶貴)가 예즈차오를 감금했다는 풍설이 돌기도 했다. 이처럼 청군은 지휘 계통도 혼란스러웠으며, 전투에 임하는 자세도 소극적이었다.

9월 13일, 일본의 제1군 사령관 야마가타 아리토모가 서울에 도착했다. 다음 날 제5사단은 평양 근교에 진을 친다. 청국군에게 시간을 주지 않기 위해, 그리고 군량 등 보급이 제대로 이루어지지 않는 상태에서 시간을 끌 수 없다며 후속 부대인 제3사단이 도착하기 전에 독단으로 평양성을 공격하기로 한다. 일본군은 식량이 건빵밖에 없었다고 할 정도로 보급이 빈약했다고 한다. 평양성 안에는 약 1만 4,000명의 청국군이 있었고, 공격하는 일본군은 1만 7,000명이었다.

성을 포위해 공격하는 데에는 수비 병력의 세 배가 필요하다고 한다. 일본군의 병력은 성을 공격하기에는 충분하지 않았으나, 9월 15일 날이 밝기 전에 네 방향에서 평양성을 공격했다. 청군의 퇴로를 막기 위해 성 북쪽의 현무문을 주공격 대상으로 삼았다. 청국군도 퇴로를 확보하기 위해 성 밖의 북쪽 보루와 현무문에 집중했다. 오전 7시경 북쪽의 제2, 제3, 제4 보루가, 8시경에는 현무문이 일본군에 점령당했다. 그러나 대동강을 사이에 두고 성의 남쪽에서는 치열한 전투가 벌어졌고, 성안에서는 쭤바오구이가 을밀대를 방어막으로 하여 저항했다. 11시경 일본군의 포격에 쭤바오구이가 사망하면서 청국군은 혼란에 빠졌으나, 전투는 계속되었다. 그러나 오후 4시 30분경 을밀대에 백기가 걸리면서 승패는 갈렸다. 일본군의 증원 부대가 합류해 퇴로가 봉쇄당할 것을 우려한 예즈차오의 판단이었다고 한다. 백기가 걸리고 평안도 관찰사 민병석의 이름으로 청군이 퇴각한다는 내용의 서한이 일본군에 전달됐다.

저녁 8시경부터 청국군의 탈출이 시작되고, 다음 날 새벽 0시 30분경부터 일본군이 평양성을 점령하기 시작한다. 청국군은 대항도 하지 않고 밤중에 성을 내주고 도망쳐버린 꼴이다. 잠복 중이던 일본군은 탈출하는 청국군에게 무차별 공격을 가해 많은 사상자를 냈다. 청국군은 평양성의 전투보다 퇴각하면서 입은 피해가 더 컸다. 청국군은 의주가도를 이용해 압록강을 넘어 청국 영내로 들어간다.

평양 전투에서 일본군의 피해는 사망 180명, 부상 506명이었다. 청국군은 사망자가 2,000명이고 600명 이상이 포로로 잡혔다. 성안에는 한 달 이상의 식량과 포 40문, 소총 1만 정이 남아 있었다. 군자금으로 추정되는 은괴 10만 냥과 고급 장교의 재물로 보이는 금괴도 상당수 있었다. 무기 성능 면에서도 청국군이 유리했다고 한다. 일본군은 이탈리아 기술을 도입한 청동제가 많았고, 청국군은 독일제를 도입한 강철제가 많았다. 이 전투에서 일본군은 상당수의 장교가 사망했으나, 청국군은 쭤바오구이를 제외하고 장교 사망자는 없었다. 양국군의 임전 태세의 차이를 알 수 있다. 병력 등 모든 면에서 유리한 상황에서 청군이 쉽게 평양성을 포기한 것은 이 차이 때문이다.

군량과 장비 등에서 우세한 청국군이 싸우지도 않고 도망쳐버린 것은 국가의 운명을 자기의 운명으로 인식하지 못한 전근대적인 신민(臣民)의 행태 바로 그것이다. 량치차오가 "청일전쟁 중에 나라를 욕되게 하지 않은 지휘관은 한 명도 없었다"고 한탄했으나(량치차오, 2013), 그들에게는 근대적 국가의식이 없었는지 모른다. 국가보다는 자기의 보신이 먼저였으리라. 북양함대가 싸우지 않고 함대 보존에 치중하면서 일본에게 서해 루트를 내준 것도 마찬가지다. 이홍장은 자기의 정치권력을 유지해 줄 군사력 유지가 더 중요했을지 모른다.

평양 전투로 사실상 청일전쟁의 초반 승패는 갈렸다. 임진왜란에서 보았듯이 지리적으로나 정치적으로 평양은 청국이 조선의 종주권을 확보하는 데 있어 마지막 보루와 같은 곳이다. 일찍이 서울을 일본에 내준 이홍장이 모든 전력을 평양에 집중해 일본에 대항하려 한 것도 이 때문이다. 그러나 전투는 일본의 일방적인 승리로 끝났다. 청군이 평양을 포기하고 중국 영내로 퇴각함으로써 청은 사실상 조선에 대한 종주권을 상실한 것이나 마찬가지였다.

평양 전투 패배의 책임을 물어 이홍장에 대한 탄핵 상소가 이어졌다. 조선 역시 한반도에 대한 청국의 영향력 상실을 결정적인 것으로 받아들이게 된다. 일본군에게 서울을 점령당했어도 청국에 대한 기대는 남아 있었고, 대원군이 동학 농민군과 청국군의 협력으로 일본에 대항하려 했다는 것도 이 때문이다. 그러나 평양 전투에서 청국군이 패배함으로써 조선의 청에 대한 기대도 사라진다.

평양 전투의 승리는 일본 국내에 대대적으로 보도되고 일본 국민들의 사기를 높였다. 9월 13일에는 궁중에 설치되어 있던 대본영을 전장에 가깝고 주력 부대의 출발지인 히로시마로 이전했다. 15일에는 천황도 이곳으로 거처를 옮겨 적극적으로 전쟁 지도에 임한다. 천황은 내각으로부터 선전포고에 관한 조칙을 요구받았을 때 당황했고 전쟁 초기에는 소극적이었다고 한다. 그러나 평양 전투 승리 이후 히로시마의 대본영에 처소를 마련하고 전쟁을 직접 지도하기 시작하면서, 전쟁에 대한 거국일치 체제의 구축과 함께 승리에 대한 기대도 커지게 된다. 천황은 전쟁이 끝날 때까지 히로시마의 청풍관(淸風館)이라는 여관에 머문다.

북양함대를 보전하라: 황해 해전

한반도를 점령하고 직예 전투를 계획하고 있는 일본에게 황해(서해)의 제해권은 생명 줄이다. 황해의 제해권을 확보하지 못하면 병력과 물자의 보급이 끊기고, 본토도 위협받는다. 전쟁 초기의 풍도 해전 이후 일본 연합함대는 청국의 북양함대에 대한 경계를 강화했으나, 조우할 기회가 없었다. 딩루창을 총사령관으로 하는 이홍장의 북양함대는 소극적으로 발해만과 황해의 해상 방어선을 지키며 함대 보존에 치중했다. 적극적으로 전투를 하려고 하지 않았다.

그러던 중 연합함대는 9월 16일 북양함대가 수송함 5척을 호위하기 위해 출항한다는 정보를 입수한다. 평양에 증원군으로 파견하는 4,000명의 병력을 싣고 압록강 하구 다둥거우(大東溝)로 이동하는 수송함들이다(평양 전투가 일찍 끝났기 때문에 이 증원군은 전투에는 참가하지 못하고 압록강 하구에서 퇴각하는 병사들을 지원하는 임무를 수행하게 된다). 증원군 상륙의 호위 업무를 마치고 돌아가던 북양함대는 17일 정오경에 일본 함대와 조우해 전투가 벌어졌다. 평양 전투가 끝난 다음 날로 일본군은 사기가 올라 있었으며, 북양함대는 예기치 못한 상황에 직면한 것이다. 청일전쟁에서 본격적인 해상전투인 황해 해전(또는 압록강 해전)이다.

일본 측은 12척(약 4만 톤), 청국 쪽은 7,000톤급인 거함 딩위안과 전위안을 비롯해 14척(3만 5천 톤)이 동원되었다. 청국 함대는 중포가 많으며, 일본 함대는 경포(속사포)가 많았다. 일본의 기함인 마쓰시마호는 배수량이 4,000톤급에 지나지 않았다. 속도는 일본 함대가 16노트, 청국 함대가 14노트였다.

청국은 최근 6년간 신함을 1척도 발주하지 못했으나, 일본은 6년간 9척의 신함을 구입하는 등 청국과의 전쟁에 대비했었다. 청국은 서태후의 60세 회갑 행사에 해군의 예산을 투입했기 때문이다. 서태후의 60회 생일상에는 청나라 예산의 6분의 1인 1,000만 냥이 사용됐고, 별궁인 이허위안(頤和園) 보수 공사에 3,000만 냥이 들었다. 1884~85년 독일에서 구입한 드레드노트급 전함인 딩위안과 전위안은 7,000톤급의 거함이지만 탄약이 부족해 포 1문당 포탄은 3발 정도 확보하고 있으며, 다른 주요 함선에도 제대로 된 포탄이 없고 포탄 안에는 모래나 콩이 차 있다고 할 정도였다. 북양함대의 패배를 지나치게 폄훼한 이야기이었으나, 준비 부족은 사실이다.

병사 훈련 면에서도 일본이 우위였다. 청국 함대의 병사 훈련은 대부분 독일이나 영국 기술자들에게 맡겨져 있었고, 북양함대의 총지휘관 딩루창도 회군(淮軍)의 기병 출신이다. 육군 출신이 해군 총사령관을 맡은 것이다. 그래서 "청국군은 항해는 할 수 있으나 전투는 할 수 없다" "서태후의 생일상에 바쳐진 청나라 해군"이라는 말이 회자되었다. 전체적으로 일본의 전력이 우세한 편이다.

9월 17일 오전 10시, 조선의 의주와 랴오둥반도 뤼순의 중간 지점에 있는 하이양다오(海洋島) 앞바다에서 양측 함대는 적 함대의 연기를 발견하고 전투태세에 돌입한다. 북양함대는 거함 중심이고, 일본의 연합함대는 스피드에서 앞섰다. 이 전투는 근대적인 철갑증기선이 대량 투입된 세계 최초의 해전으로 열강의 관심을 끌었다. 오후 1시부터 5시경까지 양측은 맹렬히 포격을 주고받는다. 관전하고 있던 서양 무관과 기자들도 감탄했다. 일본 함대의 속사포가 위력을 발휘했다. 북양함대가 퇴각하면서 전투는 일단락되고, 연합함대는 딩위안·전위안 등을 추격하지 않았다. 북양함대의 보존이 가능했다.

북양함대는 뤼순항으로 귀환하고, 일본의 연합함대는 대동강 하구의 해군 근거지로 돌아간다. 연합함대는 1척도 격침되지 않았고, 북양함대는 3척이 격침되었다. 딩위안과 전위안은 300발 이상의 탄환을 맞고 10여 명의 사상자를 냈으나 건재했다. 일본의 기함 마쓰시마호도 딩위안의 주포에 명중탄을 맞았으나 침몰하지는 않았다. 어느 한쪽이 결정적인 타격을 가하지 못한 상태에서 전투가 끝났으나, 대체로 일본의 우세였다. 그 후 11월 21일 일본 육군이 뤼순항을 공략하자 북양함대는 웨이하이웨이(威海衛)의 류궁다오(劉公島)로 옮겨 함대 보존을 꾀했다. 북양함대가 전투에서 패한 것이 아니라, 전투 후의 소극적인 활동이 결과적으로 일본의 승리로 연결된 것이다.

황해 해전 이후 제해권은 일본의 연합함대의 손안에 들어갔다. 일본은 한반도의 육로를 이용하지 않고 해상으로 한반도의 대동강 이북 그리고 만주의 랴오둥반도에 병력과 물자를 수송할 수 있게 되었다. 일본군은 만주와 직예 지역 작전을 효율적이고 신속하게 전개할 수 있는 기반을 갖추게 된 것이다. 반대로 청나라는 평양 전투의 패배로 한반도라는 완충 지대를 상실하고 제해권마저 빼앗김으로써 본토에서 일본군을 맞아야 하는 상황이 되었다. 이 해전을 계기로 개전 초기 청국의 승리를 점치던 열강의 평가도 달라졌다. 평양 전투와 황해 해전에서의 일본의 승리, 청국의 소극적인 태도가 영향을 미친 것이다(S. C. M. Paine, 2005).「뉴욕 타임스」는 1894년 10월 7일 자 사설에서 "청국이 아시아의 최강자라는 관념은 사라지고 일본이 제일 강국이 되었다"고 평가했다.

평양 전투와 황해 해전의 승리로 일본은 한반도를 완전히 장악하고, 중국 본토를 위협할 정도가 되었다. 이 단계에서 일본이 전쟁 목적으로 내건 조선의 독립(중국으로부터의 독립)은 달성되었다. 일본의 전쟁 목적이 조선의 '독립'과 '내정 개혁'이라면, 청국과의 전쟁은 여기서 끝내고, 조선의 내정을 개혁하는 것이 다음 수순이었다.

9. 이제는 조선의 개혁이다

이토 히로부미와 조선의 개혁

경복궁을 점령한 직후 일본은 7월 27일 대원군을 섭정으로 하고 개화파 김홍집을 수반으로 박정양·김윤식·유길준 등이 참여한 친일 내각을 수립한다. 동시에 조선 정부가 자율적으로 개혁을 추진하기 위해 설립한 교정청을 폐지하고, 군국기무처를 설치한다. 군국기무처에는 갑신정변에 직접 가담하지는 않았으나 대체로 사절단이나 유학 등으로 외국 경험이 있는 온건 개화파들이 대거 등용됐다. 갑오년의 개혁, 즉 갑오개혁의 시작이다. 일본의 내정 개혁을 거부한 조선 정부는 결국 일본에 점령된 후에 개혁을 추진하게 되는 아이러니한 상황을 맞은 것이다. 그렇기 때문에 개혁은 일본의 요구에 부응하는 '친일적' 성격을 가지고, 외부적으로도 그렇게 보일 수밖에 없는 한계를 가지게 된다. 군국기무처는 일본에 보빙사를 파견하고, 일본에게 전권대사를 파견해줄 것을 요청하는 등의 결의를 하면서 친일본적 자세를 보였다. 개혁이 민중들의 지지를 받지 못한 이유의 하나다.

군국기무처를 중심으로 궁중과 부중의 구별, 재정 일원화, 과거제 폐지와 근대적 관료제 채택, 신분제와 서얼 차별 폐지, 신화폐 발행, 세금의 금납화 등 3개월에 걸쳐 208건에 달하는 광범위한 제도적·사회적 개혁안이 의결되었다. 제1차 갑오개혁이다(국사편찬위원회, 2013). 그러나 섭정으로 있는 대원군과 고종의 소극적 태도, 급격한 개혁에 대한 관료들의 반발 등으로 그것이 곧바로 실행되지는 못한다. 전쟁 초기 단계에서 앞으로 청국과의 관계가 어떻게 될지 모르며, 개혁이 실현될 경우 왕권이 약화될 것을 우려했기 때문이다. 특히 궁중과 부중을 분리한 입헌군주제적 개혁으로 인한 왕권의 제약에 대해 고종이 크게 우려했다.

일본 정부는 8월 17일 각의에서 일본과 조선의 관계를 어떻게 설정할 것인가에 대해 논의했다. 무쓰 외상은 (1) 조선을 방임한다, (2) 조선을 명목적으로는 독립국으로 하나 일본이 직간접적으로 영향력을 행사한다, (3) 청일 양국이 조선의 독립을 보장한다, (4) 벨기에나 스위스와 같은 중립국으로 한다는 등의 4개 안을 제출했다. 각의는 (2)의 안을 채택해, 조선을 일본의 영향력 아래에 두는 이른바 조선 보호국화 정책을 추진하기로 한다.

평양 전투와 황해 해전에서 승리한 후, 이토 히로부미 내각은 조선의 내정 개혁에 박차를 가한다. 이를 위해 대조선 정책에 깊이 관여해왔으며, 이토 총리와도 긴밀한 관계에 있는 내무대신 이노우에 가오루를 10월 15일 조선 주재 공사로 파견한다(공사 임명으로 내무대신 사임). 일본이 전쟁 목적으로 내건 조선의 내정 개혁, 즉 8월 17일의 각의 결정을 구체화하기 위한 조처였다. 이노우에는 메이지유신 이후 일본의 근대화 모델을 조선에 적용하고자 했다. 이는 조선의 제도를 일본과 유사한 형태로 개혁해 일본에 예속시키려는 것이었다. 이노우에는 영국과 이집트의 관계를 상정한 조선 보호국화를 구상하고 있었다.

10월 25일 서울에 도착한 이노우에는 각국 공사들을 통해 구미 열강의 태도를 살핀 후, 11월 20일 고종을 알현하고 개혁 강령 19개 항목을 제시한다. 22일에는 개혁에 소극적이며 친일적이지도 않은 대원군을 섭정에서 물러나게 했다. 그리고 12월 27일에는 제1차 갑오개혁을 추진했던 군국기무처를 폐지하고, 갑신정변 실패 후 일본에 망명했다가 귀국한 박영효·서광범 등을 중심으로 제2차 김홍집 내각을 조직해 개혁에 박차를 가한다. 이노우에는 친일적 내각을 강화해 고종의 정치적 영향력을 약화시키고, 내정을 실질적으로 장악하기 위해 일본인 고문을 대량으로 고용하는 체제를 구축한다. 1894년 12월에서 1895년 1월에 걸쳐 약 40명의 일본인 고문관을 정부의 각 부서에 채용하도록 해서 대대적인 관제 개혁과 법령 제정을 실시했다(일본인 고문관들은 10월 명성황후시해사건으로 모두 철수한다). 이에 대해 고종은 일본의 '지도' 아래 추진하는 개혁에 불만을 가지고 러시아와 가까워지려는 태도를 보이기도 한다.

조선을 영국의 이집트처럼

이노우에가 특히 관심을 가진 것은 조선의 재정 상태였다. 이집트가 대외 채무를 감당하지 못해 결국 영국의 보호국이 된 예를 알고 있었기 때문이다. 1894년 8월 11일에 군국기무처는 '신식화폐발행장정'을 제정해 일본식 은본위제를 도입하고, 일본 화폐의 유통권을 인정한다. 조선 경제가 일본 경제로 경도되면서 일본의 영향력이 커지게 된 것이다. 이노우에는 1894년 11월 17일에서 다음 해 1월 17일에 걸쳐 니오 고레시게(仁尾惟茂) 탁지부고문에게 조선 정부의 외채 규모와 세출입을 조사하게 한다. 당시 조선의 재정은 문

무관의 월급이 3개월 치나 밀렸을 정도로 취약했다. 208만 엔의 대외 채무도 있었다. 조선 정부의 1년간 평균 세입은 750만 엔 정도였는데 청일전쟁 동안에는 500만 엔에도 미치지 못할 만큼 재정이 악화되어 있었다(당시 일본의 1년 예산은 약 8,000만 엔). 전라도·경상도·충청도는 동학 농민군의 봉기로, 평안도와 황해도는 전장이 되어버려 세금 징수가 어려웠기 때문이다.

이러한 상황을 배경으로 이노우에는 내정 개혁에 필요한 500만 엔의 차관을 들여오기로 하고, 일본 정부에 요청한다. 이노우에는 무쓰 외상에게 영국이 이집트에 행한 것과 같이 차관 공여를 통해 해관 세입 등을 장악하고, 조선의 일본 의존성을 강화해야 한다고 차관 제공의 이유를 설명했다. 차관보다는 이권 획득이 먼저라는 무쓰 외상의 생각과 일본이 단독으로 조선에 거액의 차관을 제공하면 열강으로부터 의심을 받을 수 있다는 이토 히로부미의 우려 등으로 차관 문제는 쉽게 해결되지 않았고, 따라서 개혁도 지지부진했다.

1895년 3월 하순부터 청일전쟁 강화회의가 진행되면서 일본은 더 이상 전비 지출이 필요하지 않은 상황이 되자 임시 군사비에서 300만 엔의 차관을 제공하기로 한다. 당시 조선 정부 1년 세입의 절반에 조금 못 미치는 액수다. 이 차관을 계기로 각종 개혁 법령이 제정, 공포되었으나, 후술하는 바와 같이 4월 23일 러시아·독일·프랑스에 의한 삼국간섭으로 일본의 국내외적 영향력이 급격히 약화되면서 내정 개혁의 동력도 상실되어버린다. 이노우에는 6월 6일 조선을 떠난다. 그리고 7월에는 개혁 세력의 중심이었던 박영효 등이 일본으로 망명하면서 일본에 의한 개혁은 사실상 막을 내린다. 해관세 수입을 담보로 한 일본으로부터의 차관은 그후 조선 정부의 재정을 계속 압박하게 된다.

청일전쟁과 동시에 약 1년여간에 걸쳐 전개된 내정 개혁은 형식적으로는 내각 제도 및 근대적 예산 제도 도입, 봉건적인 정치·사회 제도 개혁 등 많은 변화를 가져왔다. 왕권 제약, 정부와 왕실 분리, 연호 제정, 태양력 채택, 소학교령 발포, 신분제 폐지, 조혼 금지, 과부 재가 허용, 홍범 14조 공표 등이 이 시기에 실시된 것이다. 이러한 내적 개혁에도 불구하고 대외적으로는 일본의 영향력 확대를 가져오는 결과를 초래했다. 일본 '지도'하의 개혁이 가져온 결과다. 조선을 "명목상의 독립국으로 유지시키면서 일본의 보호국"으로 한다는 일본의 방침과, 청일전쟁이라는 전시에 추진된 개혁의 한계다. 이러한 한계가 있었는데도 개혁 정책은 청일전쟁이 끝나고 을미사변 후 11월 단발령이 내려지기 전까지 계속된다.

갑오개혁은 일본의 영향 아래서 전개된 것이긴 하나, 조선의 봉건 체제를 근대 사회로 변화시키는 동력을 제공했다는 점에서는 일정한 평가가 가능하다. 근대 이행기에 이루어진 갑오개혁은 갑신정변의 연장선상에 있으며, 후에는 광무개혁의 토대가 되었다는 점에서도 그 의미를 찾을 수 있다. 즉 갑오개혁의 중단과 함께 성과도 부정되었으나, 근대화에 대한 의식과 의도는 계승되는 것이었다.

갑오개혁이 가능했던 데에는 두 가지의 상황 조건이 있었다. 하나는 개혁을 위해서는 왕권 제약이 필수적인데, 일본에 의한 전시 체제가 이를 가능하게 했다. 또 개혁이 일본의 요구에 부응하지 않을 수 없는 상황이었음에도 개혁 세력은 일본의 과도한 이권 요구에 저항하고, 일본인 고문관 등과의 갈등을 유발하면서 나름의 자주적 공간을 확보하고 있었던 것이다. 여기에는 동학 농민군의 봉기가 자주적 개혁의 추동력을 제공했다는 점을 무시할 수 없다.

또 하나의 전선: 제2차 동학 봉기

청일전쟁 발발과 함께 동학 농민군을 비롯하여 조선 사회는 전체적으로 반일적 분위기로 기울어진다. 일본군의 경복궁 점령이 결정적인 영향을 미쳤다. 전봉준은 일본군의 경복궁 점령을 임진왜란에 비유했다고 한다(조재곤, 2015). 이러한 분위기 속에서 일본군의 승리, 그리고 내정 개혁 추진과 거의 병행해 동학 농민군의 반발이 표면화하는데, 이는 일본

주도로 전개되고 있는 개혁에 대한 반발이기도 하다. 일본 주도의 개혁에 반대하는 대원군의 사주도 있었다고 한다. 따라서 청일전쟁 발발 직전의 제1차 봉기 때 동학군이 내걸었던 반외세는 그 성격이 반일본으로 더욱 분명해진다.

동학 농민군은 초기에는 일본군이 가설한 군용 전선을 절단하거나 인력 동원을 거부하는 등의 형태로 산발적인 게릴라식 저항을 보였다. 따라서 일본군의 군량 현지 조달과 군수 물자 수송 등 병참을 어렵게 했다. 동원에 응한 조선인을 살해하는 등의 사건도 빈발했다고 한다. 일본군이 동학 농민군 섬멸 작전에 나선 것도 병참선과 징발을 유지하면서 후방의 안정을 확보하기 위한 것이었다.

평양 전투와 황해 해전에서 일본이 승리를 거두자, 이에 대항하듯이 10월 상순경부터 전봉준 부대를 시작으로 동학 농민군의 조직적인 봉기가 시작된다. 동학 농민군의 2차 봉기다. 일본군의 승리로 조선에 대한 지배력이 강화되는 것을 우려한 것이다. 따라서 2차 봉기는 1차에 비해 규모 및 지역적 범위가 훨씬 확대된다. 1차 봉기 때에는 거의 보이지 않던 충청도·경상도·강원도·경기도·황해도에서도 많은 농민들이 항일전에 참가했다(나카츠카 아키라 외, 2014). 4,000명 정도로 출발한 전봉준 부대는 북상해서 12월 초 충청도 공주에 도착했을 때는 3~4만 명에 이른다.

새로 부임한 이노우에 가오루 공사는 10월 초 본국에 동학 농민군 진압을 위한 추가 병력 파견을 요구하고, 10월 18일 조선 정부도 일본에 원군을 요청한다. 11월 6일에는 시노모세키해협 방어 임무를 맡고 있던 제19대대가 인천에 도착한다. 그리고 서울·인천·부산 등에 주둔하고 있던 일부 부대가 합류해 약 3,000명 정도의 '토벌대'가 조직되었다. 조선의 중앙군 2,800명과 각 지역의 지방군, 민병에 해당하는 민보군 등도 참여했는데, 일본군의 지휘를 받는다. 토벌대의 1중대는 제천·낙동·남원 방면으로, 2중대는 공주·삼례·전주 방면으로, 3중대는 청주·보은·연산 방면 등 세 갈래로 나누어 남하했다(나카츠카 아키라 외, 2014).

동학 농민군의 봉기는 일본군에게 후방에 또 하나의 전선을 만드는 것이었다. 청국령에서의 본격적인 전투를 앞두고 있는 상황에서 동학 농민군이 청국군과 합류해 후방을 교란하면 전쟁의 승패를 가를 위험 요소가 된다. 또 일본군은 동학 농민군이 러시아 접경 지역으로 활동 영역을 확장하고 이를 빌미로 러시아가 개입하는 상황을 극도로 우려했다. 이를 방지하기 위해 일본군은 러시아 국경과는 반대인 서남 지역으로 동학군을 몰아붙여 진압한다는 전략으로, 12월 9일에는 작전을 마친다는 방침을 세웠다.

동학 농민군과의 대규모 전투는 11월 20일 북접과 남접의 농민 연합군이 충청도 공주성에 주둔하고 있는 제19대대 제2중대와 조선 정부군을 공격하면서 시작되었다. 2차에 걸친 공주 전투는 12월 7일까지 계속된다. 동학군은 수적으로는 우세했으나, 라이플총(스나이더 총)으로 무장하고 훈련된 일본군을 당할 수 없었다. 일본군 한 명이 죽창과 화승총으로 무장한 동학 농민군 200명을 상대할 정도였다고 한다.

그 후, 동학 농민군은 연산·장흥·태인·금산·논산·대둔산 등에서 산발적으로 전투를 거듭한다. 일본군과 조선군은 충청도 각지에서 승리를 거두고 전라도에 진입한다. 동학 남접의 지도자 세 사람이 거의 같은 시기에 차례로 체포되었다. 김개남은 12월 2일, 손화중은 같은 달 11일, 전봉준 역시 그달 28일이었다. 이후에도 동학 농민군의 저항은 계속되어 일본군의 진압 작전은 이듬해 2월 28일까지 계속되었다. 약 5개월간 동학 농민군은 일본군을 상대로 46회의 전투를 벌였으며, 참가 연인원은 13만 4,700명에 달했다(原田敬一, 2007).

일본군에 의한 농민군의 희생자 수는 추정이 어렵다. 박은식 선생의 『한국통사(韓國痛史)』에서는 30여만 명으로 기록하고 있으며, 재일 사학자 조경달(趙景達)은 『이단의 민중 반란-동학과 갑오농민전쟁』(1998)에서 3만에서 5만 명으로 추정하고 있다. 산발적으로 발견되는 일본군의 기록을 보면 전투 때마다 학살·총살자 등의 규모가 몇백 명에서 몇천 명 단위로 기록되어 있으나 전모를 파악하기는 쉽지 않다.

위의 수치가 사실이라면, 청일전쟁에서 조선인은 청국군이나 일본군보다 훨씬 큰 희생을 치른 것이다. 일본이 동학농민군의 봉기를 얼마나 심각하게 받아들이고 철저히 진압했는지를 알 수 있다. 인명 살상 측면에서 보면 청일전쟁이 아니라 조선과 일본의 전쟁이었다고 할 정도다. 또 동학농민혁명에는 당시 대략 1,050만 명으로 추산되는 조선 인구 가운데 3분의 1 또는 4분의 1이 참가했다고 추정하기도 하는데(나카츠카 아키라 외, 2014), 조선인 전체가 일본에 항거했다는 의미다. 청국인보다 더 큰 규모로 일본에 대항한 것이다. 시기적으로도 동학 농민군의 봉기는 거의 청일전쟁 기간 내내 지속되었는데, 이는 민중사적 측면에서 청일전쟁의 성격과 전쟁에서의 조선의 위치를 규정하는 데 매우 중요한 의미를 가진다.

가자! 대륙으로

일본군은 조선군과 함께 동학 농민군에 대한 진압 작전을 준비하면서, 동시에 청국군을 쫓아 북진을 시작한다. 평양을 점령한 제5사단은 일부 병력을 남겨두고 평안남도 안주로 북진한다. 서울에 있던 제3사단도 9월 말에 평양에 합류한다. 제1군 사령관 야마가타 아리토모는 9월 25일 평양에 도착해, 10월 1일 북진을 명령하고, 제1군은 10월 17일 의주를 점령한다.

평양 전투에서 패배한 청국군은 일본군이 압록강을 넘어올 것을 대비해 주롄청에 집결했다. 성징장군 쑹칭을 총사령관으로 하는 1만 8,000명의 병사가 일본군의 압록강 도하에 대비했다. 10월 25일 일본군 제3사단 약 7,000명이 임시 가설 다리와 배를 이용해 큰 저항 없이 압록강을 건너 주롄청을 향했다. 주롄청의 전방 진지인 후산(虎山)에서 전투가 벌어졌으나, 쑹칭은 곧 펑황청(鳳凰城)으로 퇴각한다. 주롄청을 지키고 있던 나머지 부대도 따라서 철수했다. 청국 영내에서 벌어진 첫 전투였으나 청국군은 맥없이 무너진다. 일본군은 쉽게 주롄청을 확보하고, 이어서 31일에는 쑹칭이 퇴각해 있던 펑황청도 점령했다. 펑황청을 탈환하려는 청국군의 반격이 있었으나 성공하지 못했다. 이 전투를 통해 일본군은 만주에서의 교두보를 확보하게 된다.

일본의 대본영은 평양 전투와 황해 해전의 승리를 기반으로 '작전 대방침'의 제2단계인 직예 결전을 준비한다. 이 결전은 앞서 언급한 바와 같이, 베이징을 위협해 청국에 결정적 타격을 가하고 전쟁을 끝낸다는 것이다. 직예 결전을 위해 9월 25일 제1, 제2, 제6 사단을 중심으로 제2군이 새로

편성된다. 사령관에는 육군대신인 오야마 이와오(大山巖) 대장
이 임명되었다. 육군대신이 직접 군을 지휘해 전투에 참가한
것이다. 직예 결전을 위해서는 먼저 랴오둥반도를 공략해야
한다. 10월 8일 대본영은 제2군에 연합함대와 협력해 남만
주의 주요 거점인 뤼순반도를 점령하라는 명령을 하달한다.

제2군은 10월 24일에서 30일에 걸쳐 압록강 하구와 뤼
순의 중간 지점인 화위안커우(花園口)에 상륙한다. 북양 함
대의 위력이 사라진 뒤였기 때문에 별다른 저항을 받지 않
았다. 11월 6일에는 랴오둥(遼東) 지역의 중심지인 진저우성
(金州城)을 점령하고, 뤼순 공략을 위한 준비에 착수한다. 뤼
순 공격에 참가한 제2군은 3만 5,000명이었으나, 병참을 담
당하는 군부(軍夫)가 약 1만 명이고 실제 전투 병력은 2만
5,000명 정도였다.

문명의 탈을 쓴 야만: 뤼순 학살 사건

직예 결전의 주력 부대인 제2군은 11월 14일 진저우를
출발해 뤼순으로 향한다. 1890년에 완공된 뤼순 군항은 산
둥반도의 웨이하이웨이항과 더불어 북양함대의 모항이며,
남만주 지역의 주요 군사 근거지였다. 뤼순에는 함대를 지키
기 위해 바다 쪽을 향해 영구 축성된 포대가 있고, 육지 쪽에
서의 공격을 막기 위해 쑹수산·얼룽산·둥지관산·다안쯔산

등에 포대가 설치되어 있었다. 뤼순에는 1만 2,000명의 청국군이 주둔했으나, 대부분 새로 징집한 병사들로 전투력은 강하지 않았다. 일본군의 공격이 임박했다는 소식에 도망을 간 부대도 있을 정도다. 뤼순은 난공불락의 요새로 알려져 있었으나, 훈련이 부족한 병사들은 "바람 소리만 듣고도 도망을 갔다"고 할 정도였다.

21일 미명에 일본군이 공격을 시작했다. 8시경에 다안쯔산 포대를 점령하고, 11시경에는 화재로 쑹수산 포대의 탄약고가 폭발했다. 이에 동요한 청군은 진지를 버리고 시가지로 퇴각하고, 전투는 사실상 끝났다. 뤼순을 포기한 대부분의 청국군은 큰 피해 없이 진저우 북쪽의 가이핑(蓋平)에서 쑹칭 사령관의 부대와 합류한다. 청국군의 랴오둥반도의 거점이었던 뤼순이 예상보다 쉽게 일본군의 손안에 떨어진 것이다.

뤼순 점령 후부터 그다음 날까지 일본군은 시가지에서 패잔병에 대한 소탕 작전을 벌였다. 시가지 소탕전에서 일본군이 자행한 민간인 학살이 전 세계로 타전되었다. 일본군이 포로와 민간인을 무차별 살해하는 광경이 제2군을 따라온 구미 기자들에게 목격된 것이다. 이른바 뤼순 학살 사건이다. 학살의 규모와 원인 등에 대해서는 아직도 정확히 밝혀지지 않고 있으나, 중국에서는 2만 명 정도가 살해되었다고 한다. 일본에서는 200명에서 6,000명이 살해되었다는 주장과 함께 이 사건을 부정하는 경향도 있다.

일본군의 야만적 행위는 국제적 비난을 받는다. 청일전쟁을 문명과 야만의 전쟁이라고 선전했던 일본군에 의해 자행된 행동이기에 국제사회의 반향은 더 컸다. 미국의 「뉴욕월드」는 1894년 11월 28일 자 기사에서 "일본은 문명의 탈을 쓴 야만의 괴수(怪獸)"라고 했다. 「노스아메리칸 리뷰」의 1895년 3월호 '뤼순의 진실'이라는 제목의 기사는 "3일간의 학살로 중국인 36명만 살아남았다"고 보도했다. 과장된 표현이나, 일본군의 야만성을 상징적으로 드러낸 것이다. 뤼순 학살은 일본군의 침략성과 야만성을 보여주는 대표적인 사건으로 지금도 서양의 역사 교과서 등에 실려 있다. 일본군은 전투 초기에 일본군이 중국인들에게 손과 목이 잘리는 등 잔인하게 살해당한 데 대한 보복이라고 주장했다. 거기에는 일본군의 손과 목을 절단하는 '야만'적인 중국인에 대한 정당한 응징이라는 의미가 내포되어 있다.

이 사건이 알려지자 일본 정부는 군의 사기 등을 고려해 관계자들에 대한 책임을 불문에 부쳤다. 사건에 대한 사실조사도 하지 않고, 외국 언론을 매수하는 등으로 사건을 덮으려 했다. 일본 정부는 살해된 사람들은 대부분 군복을 벗고 도망가던 군인들이며 일본군은 엄격하게 규율을 지켰다는 내용의 해명서를 미국 신문에 게재했다. 명성황후시해사건 관련자들을 처벌하지 않고 무마한 것과 같은 방식이다. 이 사건은 중국군의 철수와 일본군의 민간인 무차별 살해라는 점에서 1937년 12월 중일전쟁 때의 난징 대학살과 닮았다. 장제스가 11월에 수도를 난징에서 충칭으로 옮긴 직후인 12월에 일본군이 난징을 함락했으나, 장제스의 국민당군이 이미 철수한 뒤였다. 이에 일본군은 약 2개월에 걸쳐 국민당군을 색출한다는 명목으로 민간인들을 무차별 학살했다. 약 30만 명의 중국인이 희생되었다고 전해지고 있으며, 동양의 홀로코스트라 불리고 있다.

뤼순 전투의 패배로 전쟁을 실질적으로 책임지고 있던 이홍장은 직예 총독과 북양대신에서 해임되고, 혁직유임(革職留任, 직위는 박탈하나 임무는 계속 수행하도록 함) 처분을 받았다. 뤼순의 상실은 청국에게 결정적이었다.

10. 베이징이 위험하다

랴오허를 제압하다

압록강을 도하한 일본군 제1군은, 제2군이 직예 결전을 원활하게 전개할 수 있게 청국군을 견제하는 역할을 맡고 있었으나, 성시(城市)를 버리고 퇴각한 청국군이 간헐적으로 전개하는 게릴라식 공격에 시달린다. 야마가타 아리토모 제1군 사령관은 이를 타개하기 위해 펑톈이나 산하이관 같은 대도시를 공격해 기선을 제압할 필요가 있다고 대본영에 보고한다. 대본영은 보급의 어려움을 들어 이를 허락하지 않았다. 제2군에 밀리지 않는 전과를 올리기 위해 야마가타는 독단으로, 청국군이 집결하고 있는 랴오둥반도 북쪽에 있는 하이청(海城)을 공격하기로 한다.

하이청은 뉴좡청(牛莊城)·랴오양(遼陽)·다스차오(大石橋)· 가이핑에 가까운 청국군의 거점이다. 12월 1일에 공격을 개시해 13일에 성을 함락시켰다. 그러나 겨울 추위에 병사들은 지쳤고 보급도 어려웠다. 대본영은 직예 결전을 위해 3월 하순까지 제1군을 다롄으로 이동하라고 명령하고, 독단으로 작전을 전개한 책임을 물어 12월 18일 야마가타를 제1군 사령관에서 해임했다. 이토 히로부미 총리는 귀국한 그를 군의 교육과 감독을 담당하는 감군(監軍)에 임명한다. 야마가타는 제1군 사령관에서는 해임되었으나 이토의 배려로 여전히 군에 대한 영향력을 유지하게 된 것이다. 이토와 야마가타는 같은 요시다 쇼인의 문하생이다.

청국군은 랴오둥반도에서의 일본군의 세력 확대를 저지하기 위해 하이청을 탈환하기로 한다. 하이청을 포위하고 있던 청국군은 3만 명 이상의 병력을 동원해 1895년 1월 17일부터 2월 21일에 걸쳐 네 차례의 대대적인 공격을 감행한다. 하이청 탈환에는 실패했으나, 청국군의 가장 끈질긴 전투의 한 장면이었다. 이후 청일 간의 강화 회담에도 속도가 붙는다.

일본 대본영은 1895년 3월 6일 야마가타의 후임으로 노즈 미치쓰라(野津道貫, 후에 귀족원 의원)를 제1군 사령관에 임명한다. 제1군은 직예 결전을 위해 다롄으로 이동하기 전에 후방의 안전을 위해 톈좡타이(田莊臺)와 랴오양 방면에 있는 약 5만 명의 청국군을 격파하기로 한다. 3월 5일 뉴좡, 3월 7일 잉커우를 점령한 제1군은 3월 9일 제1, 제3, 제5 사단 약 1만 9,000명을 동원해 톈좡타이를 공격하고 함락시켰다. 청일전쟁에서 단일 전투에 최대의 인원이 동원된 전투다. 전의를 상실한 청국군은 큰 저항을 하지 않았다. 이로써 랴오허 지방은 일본군에 의해 평정되었다. 이제 일본군을 가로막는 것은 추위와 동상뿐이라는 말이 나왔다. 일본군은 톈좡타이에서 철수하면서 청국군이 다시 진지를 구축하는 것을 방지하기 위해 시가지를 전부 불살랐다.

일본군에게 남은 것은 산하이관을 점령하고 직예 결전을 전개해 베이징을 위협하는 일이다. 이를 준비하기 위해 전선은 일시적으로 소강 국면으로 접어들었다. 동시에 양국 정부 사이에는 전쟁 종결을 위한 강화(講和) 움직임이 본격적으로 시작되었다. 군사적인 소강상태가 정치·외교적으로는 강화로 연결되는 지점이다.

배는 주고 병사는 살려라: 북양함대의 최후

뤼순 점령으로 랴오둥반도를 제압한 일본군은 이를 발판으로 최종 목표인 직예 전투를 준비한다. 이를 위해서는 본국과의 해상 병참선 확보가 절대적이다. 그런데 황해 해전에서 패배했는데도 북양함대는 웨이하이웨이로 피신해 건재했다. 적극적인 활동은 하지 않으나, 일본군에게는 여전히 잠재적 위협이다. 웨이하이웨이는 10년 이상 시간을 들여 축조된 견고한 요새들로 방어망이 구축되어 있다. 웨이하이웨이가 무너지면 직예 지역 일대가 무방비 상태가 되고, 텐진과 베이징이 직접적인 위협을 받는다. 웨이하이웨이는 선착장이 없기 때문에 북양함대 사령부는 웨이하이웨이의 끄트머리에 있는 류궁다오(劉公島)에 위치하고 있다.

1월 20일부터 산둥반도에 상륙을 시작한 제2군은 30일에 웨이하이웨이를 공격하기 시작한다. 2월 2일에는 주변의 포대를 점령하고, 4일 밤 웨이하이웨이항에 대한 공격을 시작한다. 다음 날 밤에는 연합함대도 북양함대에 대해 공격을 감행한다. 7일에는 바다와 육지에서 동시에 총공격이 이루어진다. 일본군은 주로 야간 전투를 감행했는데, 4일간의 전투에서 주력함인 딩위안호를 집중 공격했다. 공격받은 딩위안호는 승무원을 모두 내리게 한 후 자침한다.

딩루창 함대 총사령관은 전위안 호에서 전투를 지휘하고 있었으나, 탄약 부족 등의 이유로 일본군의 공격을 막아내지 못했다. 2월 12일 딩루창은 이토 유코(伊東祐亨) 일본 연합함대 사령관에게 배는 가져가고 병사는 살려주기를 바라는 유서를 남기고 부사령관과 함께 다량의 아편을 먹고 자살한다.

함대사령관의 자결로 사실상 전투는 끝나고 북양함대는 전부 일본군에 인도됐다. 일본군은 딩루창의 시신과 함께 병사들을 화물선 캉지호(康濟號)에 실어 보냈다. 이홍장은 가능하면 북양함대를 양쯔강 하구의 우쑹(吳淞)으로 옮겨 전력을 보존하려 했으나 실패하고 말았다. 싸우기보다 함대 보존을 꾀한 것이 후일을 도모하기 위해서인지, 아니면 이홍장 자신의 권력 기반을 유지하기 위해서였는지는 알 수 없다. 어쨌든 청의 주력 해군인 북양함대는 궤멸했다. 광서제는 패배의 책임을 물어 딩루창의 장사를 금지하고 그의 재산을 몰수했다. 그는 1910년에 명예 회복이 되었다.

북양함대의 궤멸로 청국군의 사기는 거의 회복 불능이 되었고, 더는 전쟁을 계속하기가 곤란했다. 청국 정부는 급격히 강화로 여론이 기운다. 반면 일본에서는 승리에 젖어 베이징을 공략해야 한다는 도발적 분위기가 형성되고 있었다.

베이징을 위협하라: 직예 결전

뤼순에 이어 웨이하이웨이를 점령한 후, 대본영은 3월 초 본격적으로 베이징 공략을 위한 직예 결전 준비에 착수한다. 베이징 부근의 청군을 격파해 청을 굴복시킨다는 일본의 대 청국 작전의 기본 골격이다. 원래는 속전속결로 1894년에 직예 결전을 치를 계획이었으나, 웨이하이웨이에 건재하고 있는 북양함대 때문에 해상 항로의 안전이 보장되지 않아 미뤄지고 있었던 것이다. 조선의 독립을 위한 전쟁이 중국의 수도를 향하고 있는 것이다. 청일전쟁이 침략 전쟁이라고 하는 또 하나의 이유다.

이 작전은 일본이 동원할 수 있는 모든 병력을 집결시켜 약 20만 명 정도로 예상되는 청국군과 대결전을 벌인다는 내용이다. 구체적으로 일본은 7개 사단(상비군 6개 사단, 임시 사단 1개)과 후방 부대(보충역)의 약 3분의 1을 직예 지역에 집결시키고, 나머지 1개 사단과 후방 부대가 펑톈성(현 랴오닝성) 점령지와 랴오둥반도 및 한반도를 수비하는 작전이다. 일본 본토에는 단 1개 사단도 남기지 않고 총동원해 국가적 명운을 걸고 일전을 불사한다는 것이다. 실패하면 일본 본토가 위험해진다. 처음에는 작전을 위해 대본영을 청국으로 옮기는 구상도 했으나, 정청대총독부(征清大總督府)라는 이름으로 대본영의 작전 담당 부분만 옮기기로 한다.

본토를 출발한 근위사단과 제4사단의 약 3만 5,000명의 병력과 5,000마리의 말이 4월 18일 다롄에 도착한다(상륙은 강화 회담에서의 휴전 협정이 끝나는 20일). 같은 날 고마쓰노미야 아키히토(小松宮彰仁) 친왕(親王)을 대총독으로 하는 정청대총독부도 뤼순에 도착한다. 이로써 제1군의 제1, 제3 사단과 제2군의 근위, 제2, 제4, 제6 사단이 발해만을 끼고 진저우·

다롄·뤼순에 모두 집결하고, 제1군의 제5사단은 압록강 일대와 펑톈성 점령지를 경비하는 구도가 완성된다.

그런데 직예 결전을 위해 근위사단과 제4사단, 정청대총독부가 다롄과 뤼순에 도착하기 직전 제1군 사령관 오야마 이와오에게 시모노세키조약이 체결됐다는 연락이 왔다. 작전은 자연히 중지되고 청일전쟁도 끝난다. 일본군의 직예 작전 준비와 강화 회담이 동시에 진행되고 있었던 것이다.

만약 직예 작전이 중지되지 않았으면 어떻게 되었을까. 전쟁은 훨씬 길어지고, 전쟁의 양상도 완전히 바뀌었을 것이다. 지금까지의 전쟁은 이홍장의 북양군과 일본 사이의 국지전적(한정적) 성격이 강했다. 그러나 일본이 직예 작전을 통해 수도 베이징을 위협하면, 지금까지의 한정적 성격의 전쟁이 청(중국)과 일본의 전면전으로 비화한다. 또 이권 확보를 위해 청국 정부의 붕괴를 우려하는 열강의 간섭 가능성이 커지면서, 일본은 국제사회로부터 고립되었을 것이다. 일본의 승리도 장담하지 못했을 것이다. 역설적으로 때 이른 강화 성립이 일본을 구한 것이다. 그 후의 중일전쟁도 같은 양상이었다. 1931년의 만주사변에서 부분적으로 타협을 했던 중국은 1937년의 중일전쟁이라는 전면전에서는 연합군의 지원을 받으면서 결사항전의 의지로 승리했다. 러시아 영토를 직접 공격하지 않은 상태에서 끝난 러일전쟁도 마찬가지다.

11. 이 정도는 각오했다:

시모노세키조약

전면전은 피하자: 미국의 중재

라오둥반도의 요충지 뤼순이 함락되자, 청국과 일본은 강화를 모색한다. 청국 쪽의 요구가 강하며, 열강도 관심을 보이기 시작했다. 일본도 직예 결전을 전개해 본격적으로 베이징을 위협하는 모험을 할 것인지 말 것인지 기로에 섰다. 직예 결전으로 베이징을 점령하는 상황이 발생하면 열강의 개입뿐만 아니라 전 중국을 상대로 하는 전면전이 되기 때문이다.

전쟁이 중국에서의 이권에 영향을 미칠 것을 우려한 영국은 1894년 10월 8일 르포어트렌치(P. H. Le Poer Trench) 주일 공사를 통해 일본에 강화를 중재한다. "일본은 조선의 독립을 목적으로 개전을 했다. 이미 청군은 조선으로부터 추방되었으며, 일본은 내정 개혁에 착수하고 있다. 그렇기 때문에 더 이상 전쟁을 계속할 이유가 없다"는 것이 영국의 시각이었으나(陸奧宗光, 1983), 일본은 명확한 태도를 보이지 않았다(古結諒子, 2016).

청국은 조선의 독립과 배상금을 조건으로 일본과의 강화를 모색한다. 중국 톈진 해관의 구스타프 데트링(Gustav Detring) 세무사가 이홍장의 명을 받아 1894년 11월 26일 고베에 도착했다. 데트링은 청국에 고용된 독일인으로 1885년 청-프랑스 전쟁 때 이홍장과 프랑스군을 중재한 적이 있다. 일본 정부는 그를 정식 강화 사절로 인정하지 않았다. 때문에 그는 우편으로 이홍장의 편지를 이토 히로부미 총리에게 발송하고 귀국한다. 그 후 찰스 덴비(Charles Denby) 주청 미국 공사의 주선으로 1895년 1월 31일 장인환(張蔭桓)과 사오여우롄(邵友濂)을 대표로 하는 사절단이 히로시마에 파견된다. 장인환은 미국과 에스파냐 공사를 지냈으며, 사오여우롄은 청일전쟁 직전 3년간 타이완 순무(巡撫, 타이완 최고 통치관)를 경험한 인물로 둘 다 교섭 대표로서 손색이 없다.

그러나 이들을 만난 이토는 전권 위임장의 효력을 문제삼아 교섭을 거부한다. 교섭 상대가 청국을 대표할 만한 인물이 아니라고 본 것이다. 일각에서는 직예 결전을 준비하고 있으며 청에 결정적인 타격을 가하지 못한 상태에서 강화는 시기상조였기 때문이라는 주장도 있다. 이토는 사절단에게 톈진조약의 당사자이며 조선 문제를 통할하고 실질적으로 청국 외교를 담당하고 있는 이홍장이나 함풍제(咸豊帝)의 이복동생으로 청국 조정의 실권자인 공친왕의 파견을 요구했다. 일본군 제2군은 2월 4일 웨이하이웨이를 공격하고 12일 북양함대의 항복을 받음으로써 강화 회담의 협상력이 높아진 상태였다.

청국과 열강이 강화회의에 대해 관심을 보이고 있는 사이, 일본은 1895년 1월 27일 각의를 거쳐 대본영 어전 회의에서 강화조약 안을 결정한다. 직예 결전을 앞두고 적절한 조건으로 전쟁을 종결하는 것이 유리하다고 판단한 것이다. 강화 조건으로 육군이 요구한 랴오둥반도 할양, 해군이 요구한 타이완 할양 그리고 배상금이 포함되었다. 일본의 강화 움직임에 민감하게 반응한 것은 러시아였다. 일본의 강화조약 안이 알려지자 2월 14일 주일 러시아 공사 미하일 히트로보(Mikhail Hitrovo)는 무쓰 외상을 방문해, 일본이 타이완을 할양받는 데에는 반대하지 않으나 대륙(만주)에 판도를 확장하는 데에 대해서는 우려를 표했다.

이러한 상황에서 일본 정부는 2월 17일 에드윈 던(Edwin Dun) 주일 미국 공사를 통해 "군비 배상 및 조선의 독립 확인, 토지 할양" 등을 담판할 수 있는 전권 사절단을 파견하도록 청국 정부에 통보했다. 그리고 영국·러시아·독일 등 열강에게도 이 사실을 알렸다. 일본은 교섭의 중개자로 중국에 이권을 많이 가진 영국이 아니라 미국을 선택한 것이다(러일전쟁 때도 미국의 중재로 포츠머스 강화회의가 열렸다). 일본의 통보와 교차하면서 18일 청국 정부는 미국 공사를 경유해 "이홍장에게 전권을 부여해 파견한다"고 일본 정부에 통보했다. 북양함대가 궤멸되고 딩루창이 자결한 이틀 후, 청국 정부는 이홍장을 전권대사로 파견하기로 결정한 것이다. 북양함대의 궤멸은 베이징이 일본군의 공격 시야에 들어왔음을 의미하기 때문이다.

이홍장이 전권대사로 임명된 데에는, 그가 직예 총독과 북양대신에서 해임되긴 했으나 일본을 상대로 강화 교섭을 벌일 만한 다른 인물이 없었기 때문이다. 그는 프랑스 및 러시아와도 협상을 한 경험이 있고, 또 이토 히로부미와 함께 텐진조약의 당사자였다. 3월 2일 이홍장은 황제에게 영토 할양, 배상금, 조선의 독립은 불가피하다는 의견을 상주해 황제의 유지(諭旨)를 받은 후 강화회의에 임하기로 한다(古結諒子, 2016).

타이완을 노려라: 펑후도 점령

이홍장은 양자 리징팡(李經芳)과 자신의 고문 포스터(John W. Foster) 전 미국 국무장관을 비롯해 100여 명의 수행원과 함께 3월 19일 시모노세키항에 도착한다. 일본 측의 전권위원은 이토 히로부미 총리와 무쓰 무네미쓰 외상이다. 3월 20일부터 시모노세키의 슌판로(春帆樓)라는 요정에서 담판이 시작됐다. 시모노세키를 담판 장소로 정한 것은 직예 결전을 위해 증파되는 병력을 실은 일본 군함이 시모노세키해협을 통과하는 모습을 청국 대표가 보도록 함으로써 회담의 주도권을 쥐기 위해서였다.

3월 14일 이홍장이 강화 회담을 위해 톈진항을 출발한 다음 날 일본은 나가사키의 사세보항에서 펑후도(澎湖島) 점령을 위한 혼성 부대 5,500명(역부 포함)을 출발시켰다. 강화 회담의 시작과 동시에 일본은 청일전쟁의 주전장과는 관련 없는 타이완의 부속 섬인 펑후제도를 공략하기 시작한 것이다. 강화 회담에 즈음하여 전리품으로 타이완을 획득하고 중국 남부에 영향력을 확보하기 위해서였다. 남진을 바라던 해군의 주장이 강하게 반영된 것이다. 함대와 수송선단은 20일에 펑후도 근해에 도착해서 기다리다가 날씨가 좋은 23일에 상륙을 개시했다. 펑후도에는 일본군의 약 두 배에 해당하는 청국 병력이 주둔하고 있었으나, 사기가 저하되어 크게 저항하지 않았다. 일본군은 25일에 펑후도를 완전 점령하고 26일 오후에는 펑후도 행정청을 설치해 점령지 행정을 시작한다. 이로써 일본은 타이완해협을 장악했다.

일본군의 펑후도 점령에서 가장 큰 장애는 콜레라였다. 사세보항을 출발할 때부터 배 안에는 이미 콜레라가 창궐했으나 출항을 강행했다. 펑후도 점령 1개월간 1,700명의 환자가 발생하고, 전체 병력의 약 20퍼센트에 해당하는 1,000여 명이 사망한다. 청일전쟁 전체를 봐도 그렇다. 전쟁에 동원된 일본군은 24만 명이고, 전사자는 1만 3,000명이었으나 그 가운데 약 90퍼센트는 질병으로 인한 사망이었다. 실제 전투에서 죽은 병사는 1,500명에 지나지 않았다. 이러한 경험을 통해 일본은 보건위생에 대한 인식을 높여간다. 질병 예방은 군사력 강화로 직결되며, 부국강병의 지름길이라는 인식에서 였다.

총상으로 얻은 평화: 이홍장 저격 사건과 휴전

이홍장과 이토 히로부미는 이번 전쟁의 한 원인이 되었던 톈진조약의 당사자였으며, 이 전쟁의 주역들이다. 일본에게는 천황을 비롯해 국가의 운명을 건 전쟁이었으나, 청국은 어떻게 보면 이홍장 혼자의 외로운 싸움이었다. 량치차오는 이홍장 평전에서 "한 사람의 힘으로 하나의 국가에 대항하다니…… 비록 지긴 했지만 그래도 분명한 호걸임에 틀림없다"고 했다(량치차오, 2013). 1896년 이홍장이 독일을 방문했을 때 빌헬름 2세는 그를 "동양의 비스마르크"라 칭했다. 빌헬름 2세는 1901년 4월 이토가 독일을 방문했을 때도 그에게 "국가 부흥의 공적이 우리나라(독일)의 비스마르크와 닮았다"고 평했다(伊藤之雄, 2009). 동양의 비스마르크와 일본의 비스마르크는 10년 만에 정반대의 입장에서 다시 만난 것이다. 두 사람의 입장 변화에서 청국과 일본의 위상을 엿볼 수 있다. 이후 두 사람의 권력이 사양길로 접어드는 공통점도 있다. 이홍장은 이때가 평생에서 첫 외유였으며, 그가 근 20년에 걸쳐 추진해 온 양무운동과 권력 기반이 오유(烏有)로 돌아가는 순간이었다.

3월 20일 강화 회담을 시작하면서 이홍장은 우선 휴전을 제의했다. 펑후도를 포함한 타이완 정복 작전이 진행되고 있었기 때문에 이토는 휴전을 거절했다. 3월 24일 오후 3시, 회담을 끝내고 가마를 타고 숙소로 돌아가다가 이홍장이 고야마 도요타로라는 26세의 청년에게 저격을 당하는 사건이 발생한다. 고야마는 청일전쟁의 성과가 충분하지 않기 때문에 강화 회담을 중단시키기 위해 범행을 저질렀다고 한다. 총알은 이홍장의 왼쪽 눈 밑에 명중했다. 강화 회담을 위해 방문한 72세 고령의 사절단 대표가 저격을 당하는 전대미문의 사건이 발생한 것이다. 이홍장 저격 사건은 뤼순 학살 사건과 함께 비문명국 일본의 야만성을 드러내는 행태로 국제사회로부터 비난을 받는다.

일본은 이홍장 저격 사건을 문제 삼아 열강이 개입하거나, 신병 치료차 그가 본국으로 귀환하고 회담이 중단되는 것을 우려했다. 일본은 군의총감과 야전 위생관을 파견해 치료를 담당하게 하는 등 각별한 대우를 했다. 이토는 이홍장 저격 사건에 대한 국제적 비난을 완화하고 회담을 계속하기 위해 3월 30일 이홍장의 제안을 받아들여 21일간 휴전하기로 한다. 휴전 성립으로 전투는 멈추고, 직예 결전도 공식적으로는 중지된다. 이토가 병문안을 가서 사과하자 이홍장이 비장하게 "이 정도는 각오를 하고 왔다"고 화답했고, 곧이어 휴전 제안이 받아들여졌다고 한다.

그러나 휴전은 전투의 중지를 의미할 뿐으로, 일본은 휴전 중인 4월 18일에 정청대총독부를 뤼순에 설치하는 등 직예 결전의 준비는 계속 진행한다(병력의 상륙은 휴전이 끝나는 20일로 연기). 또 작전이 전개되고 있던 타이완해협은 휴전 협정에서 제외되었다. 이홍장은 휴전 중에 회담을 끝내기로 하고, 총알을 적출하지 않은 채 약 보름 동안 요양을 한 후 4월 10일 회담을 재개했다. 사건 발생 후 이홍장 일행은 저격의 위험을 피하기 위해 대로가 아닌 산 밑의 좁은 골목길을 이용했다. 이홍장이 사용한 골목길은 '이홍장의 길'이라는 이름으로 지금도 보존되고 있다.

가혹하도다: 강화조약 체결

한편 영국·독일·러시아는 일본의 강화조약 조건에 공동 대응하기로 한다. 4월 1일 일본은 열강에게 강화조약의 조건을 제시하고, 이홍장에게도 조약 초안을 건넸다. 청국이 조선 독립을 확인하고, 3억 냥의 배상금을 지불하며, 펑톈성 남부 지역(랴오둥반도)과 타이완 및 펑후도를 할양하고, 베이징·충칭·쑤저우·항저우 등을 일본인의 거주 및 영업을 위해 개방할 것 등이 주요 내용이다. 청국의 예상을 넘는 방대하고 가혹한 조건이다. 이홍장은 일본의 제안을 보고 "가혹하도다"라며 눈물을 흘렸다고 한다. 청국 사절단은 총리아문에 이를 보고하고 베이징 주재 외국 공사들에게 공개토록 했다. 열강의 조정을 기대하고 회담의 협상력을 높이려는 의도였다.

일본의 강화조약 초안이 공개되자 4월 8일, 로바노프(A. B. K. Lobanov) 러시아 외상은 "일본의 랴오둥반도 할양 요구는 청일 양국 관계를 악화시키고 극동의 평화를 해칠 것이기 때문에 이를 중지하도록 권고해야 한다"는 내용의 서한을 각국에 보냈다. 일본이 랴오둥반도를 차지하게 되면 러시아의 남하 정책이 저지당하고, 건설을 시작한 시베리아철도의 가치도 반감된다. 부동항인 랴오둥반도의 뤼순과 다롄은 러시아 남하 정책의 도달점이다. 그렇기 때문에 러시아는 어떻게든 일본의 랴오둥반도 진출을 막아야 했다. 중국 진출에 대한 준비가 아직 부족한 독일과 프랑스가 러시아의 제안에 동의했다. 러시아의 남하 정책을 우려하고 있는 영국은 자국의 권익이 손상 받지 않는 한 일본에 간섭할 권리가 없다며 반대했다. 영국은 러시아의 남하 정책에 대항하기 위해 중국보다는 일본을 선택한 것이다. 미국은 전시 중립을 선포했기 때문에 참여할 수 없다고 했다(古結諒子, 2016).

일본은 강화 회담이 결렬되면 직에 결전을 전개해 베이징을 공격할 것이라고 압박하면서 청국 측에 회담을 신속히 진행할 것을 요구했다. 5일에 청국 측은 조선의 독립은 청국만이 아니라 일본도 이를 인정한다는 내용으로 수정하고, 영토 할양은 인정할 수 없으며, 배상금을 삭감하고, 개항장 숫자도 줄일 것을 제안했다. 일본도 조선의 독립을 보장해야 하며, 청국이 아니라 일본이 전쟁을 도발했기 때문에 배상 금액은 최소화해야 하고, 일본이 전쟁 목적으로 내건 조선의 독립과 영토 할양은 관계가 없다는 주장이다. 또 타이완은 일본의 점령지도 아니며, 펑톈성은 청조의 발상지일 뿐만 베이징을 위협할 수 있는 지역이기 때문에 할양할 수 없다며 완강히 저항했다. 9일 청국 측은 할양지는 펑톈성의 안둥현(安東縣, 지금의 단둥丹東)·콴뎬현(寬甸縣)·평황현(鳳凰縣)·슈옌저우(岫巖州) 및 타이완을 제외한 평후도로 하고, 배상금은 무이자로 1억 냥으로 할 것을 제안했다.

일본은 10일 조선의 독립에 관한 내용은 수정할 수 없고, 타이완도 절대 포기할 수 없으며, 배상금은 2억 냥으로 하는 안을 제시하고 수용 여부를 압박한다. 11일 청국 측은 타이완은 점령지가 아니기 때문에 할양 대상이 아니고, 배상금도 더 줄여야 한다고 역설했으나 일본은 받아들이지 않았다. 13일 직예 결전을 위해 다롄으로 향하는 근위사단과 제4사단을 실은 일본 수송선단이 히로시마 우지나항을 출발했다. 선단이 시모노세키해협을 통과하는 광경을 목격한 이홍장 일행은 베이징에 이 사실을 알린다. 청국 조정은 일본군이 베이징을 공격할 것을 우려해, 14일 일본의 요구를 받아들여 전쟁을 종결하라고 지시한다(大谷正, 2015).

4월 15일에 열린 제6차 회담에서 할양지의 미세한 조정, 배상금의 지불 방법 등을 협의하고 청국이 일본의 요구를 대부분 수용하는 내용으로 강화 회담은 사실상 종결된다. 휴전 조약 기간이 끝나기 3일 전인 17일에 이토 히로부미와 이홍장 사이에 강화조약이 조인되었다. 전체적으로 보면 일본이 전쟁 목적으로 내건 조선의 독립에 관련되는 것은 제1조뿐이며, 그 외의 조항은 청국에 대한 이권 요구다.

조약은 11개조로 구성되어 있다. 조약은 "청국은 조선국이 완전무결한 독립 자주의 나라임을 확인하고, 독립 자주를 해치는 조선국의 청국에 대한 공(貢)·헌상(獻上)·전례(典禮) 등은 영원히 폐지한다"는 제1조를 비롯해, 랴오둥반도·타이완·펑후제도를 할양하고(제2조, 제3조), 2억 냥의 배상금(제4조), 조약 비준 2년 후에도 할양지에 거주하고 있는 (청국) 주민은 일본 국민으로 간주할 수 있으며(제5조), 사스(沙市)·충칭·쑤저우·항저우를 일본에 개방하고, 일본에게 최혜국 대우를 인정하며(제6조), 일본군은 3개월 이내에 철수하고(제7조), 배상금 지불을 담보하기 위해 웨이하이웨이를 점령한다(제8조)는 등이다. 특히 개항장에서는 "자유로이 각종 제조업"이 가능하다는 제6조는 열강이 중국에 공장 건설과 자본 투자를 본격화하는 기반을 제공하게 된다. 이를 계기로 열강은 청일전쟁 후 자본 투자를 통해 중국을 세력권별로 분할해 간다. 조약 체결로 전쟁은 종결되었으나, 일본군이 완전히 철수하는 데에는 반년 이상이 걸렸다.

타이완을 할양받기 위해 일본은 5월 8일 타이완총독부를 설치한다. 5월 23일, 현지에서는 타이완 할양에 반대하고 본국 귀환을 거부한 청국 관리들과 타이완 주민들이 '타이완 민주국'을 선언하고, 25일에는 타이완 순무 탕징쑹(唐景崧)이

총통에 취임한다. 아시아 최초의 공화국이다. 일본은 근위사단을 파견해 타이완 정복 작전을 전개하고, 6월 6일 탕징쑹은 타이완을 탈출한다. 그 후 청-프랑스 전쟁의 영웅 류융푸(劉永福) 장군을 중심으로 11월 13일 근위사단이 일본에 복귀할 때까지 타이완의 저항은 계속되었다. 청국 정부가 열강의 개입을 통해 타이완 할양을 저지하기 위한 음모였다는 분석도 있다. 타이완 할양에 대한 청국의 저항을 엿볼 수 있다.

대륙 국가로: 랴오둥반도 할양

1895년 4월 17일의 청일강화조약(통칭 시모노세키조약) 체결로 전쟁은 끝나고, 일본 정부와 국민은 승리의 환희에 휩싸였다. 전통적인 아시아의 패권국 중국을 이겼을 뿐만 아니라 조선을 손아귀에 넣고 영토 할양을 통해 역사상 처음으로 섬나라를 벗어나게 된 것이다. 일본 정부는 조약 제1조를 가장 큰 정치적 성과로 꼽았다. 청국으로부터 조선의 독립을 확인받음으로써 임오군란이나 갑신정변 때처럼 청국의 간섭 없이 조선 정책을 전개할 수 있게 되었고, 사실상 조선을 일본의 영향력 아래 둘 수 있다고 생각했기 때문이다. 야마가타가 이야기하는 이익선을 확보한 것이다.

일본 국민들은 시모노세키조약을 통해 중국으로부터 2억 냥(약 3억 엔)의 배상금을 받고, 특히 랴오둥반도와 타이완을 할양받은 것에 흥분했다. 2억 냥은 중국 예산의 3배, 일본 예산의 약 4배, 전쟁 비용의 약 1.5배에 상당하는 금액이다. 이 배상금은 전쟁에서 희생한 대가를 보상받을 수 있다는 기대를 갖게 했으며, 러시아와의 전쟁에 대비한 군사비로 사용된다. 랴오둥반도 할양은 대륙 진출을 노리는 육군을 만족시켰으며, 타이완 할양은 태평양 및 중국 남부로 세력 확대를 꾀하는 해군의 요구를 충족시켰다. 더욱이 일본이 역사상 처음으로 해외에 식민지를 획득하고, 섬나라가 대륙 국가로 되었다는 점에서 일본 국민들은 열광했다.

강화 회담에서 가장 큰 쟁점은 영토 할양이었다. 강화 회담에 즈음하여 일본 국내에서는 전리품으로서 영토 할양에 대한 요구가 연일 언론에 보도되고 있었다. 후쿠자와 유키치도 「지지신보」를 통해 랴오둥반도·산둥반도·타이완의 할양을 주장했다. 심지어는 만주 전체를 할양받아야 한다는 주장도 나왔다. 청일전쟁 전 외상을 지내고 민권운동자로 알려진 오쿠마 시게노부(大隈重信)조차도 영토 할양을 강하게 요구했다.

앞서 언급한 바와 같이, 청국은 영토 할양에 대해서는 매우 저항이 컸다. 청국은 아편전쟁과 제2차 아편전쟁(1856~60)에서 영국에게 패했으나, 홍콩과 주룽반도(九龍半島) 남부를 할양했을 뿐이고, 프랑스와의 전쟁(1884~85)에서는 배상금과 영토 할양은 없었다. 그런데 일본의 요구는 청국이 영국에 할양한 면적보다 20배 이상이나 넓다. 특히 베이징에 가까운 랴오둥반도의 할양을 요구한 데 대해 마지막까지 저항했다. 4월 5일 이홍장은 이토 히로부미에게 장문의 각서를 보내 "영토 할양은 청국 국민의 대일 복수심을 고양시켜 청일 간의 관계를 더욱 악화시킬 것이다. 청일 간의 관계 악화는 동아시아에 대한 열강의 침략을 조장할 것이다"라고 경고했다.

이홍장이 일본의 강화 조건과 회담 과정을 열강에 공개한 것도 과도한 영토 할양 요구를 저지하기 위해서였으며, 러시아도 랴오둥반도 할양에 대해 심각하게 우려를 표하고 있었다. 그런데도 이토 내각이 방대한 규모의 영토 할양을 요구한 것은 군부의 영향이 컸을 것이다. 전쟁 과정에서 청국이 보인 무기력함도 일본의 과도한 영토 할양 요구에 한몫했을 것으로 생각된다. 일본이 배상금을 원활하게 지불받기 위해서 무리하게 영토 할양을 요구했다는 설명도 있으나, 설득력이 약하다.

전쟁에 이기고 외교에 지다: 삼국간섭

강화회의 과정에서 일본의 과도한 영토 할양 요구에 대해 열강은 우려를 표했다. 일본이 청국에 과도한 영토 할양을 요구하면 열강은 이에 동의하지 않을 것이라는 내용이 파리 특파원의 이름으로 일본 신문에 보도되기도 했다. 특히 시베리아철도 건설로 만주 진출을 노리고 있는 러시아의 반발은 충분히 예상되었다. 3월 들어 독일도 영토 할양은 열강의 간섭을 초래할 것이라고 일본에 경고한다. 이홍장이 일본의 과도한 영토 할양 요구를 감내하면서 강화조약에 조인한 것도, 러시아를 비롯한 열강의 간섭을 예견하고 있었기 때문이라고 한다.

조약 조인 이틀 후인 4월 19일 러시아는 영국에, 일본이 랴오둥반도를 청국에 반환하도록 권고하는 데 참여할 것을 재차 요청했다. 로마노프 외상은 영국·러시아·프랑스·독일의 4개국이 압력을 가하면 일본은 받아들일 것이라고 했다. 유럽 대륙에 대한 러시아의 압력을 줄이기 위해 프랑스와 독일은 러시아의 제안에 동의하고 있었다. 프랑스와 독일은 러시아와 협력하는 것이 자국의 안전에 도움이 된다고 판단한 것이다. 프랑스는 1892년에 러시아와 비밀동맹을 맺고 있었으며, 독일은 러시아와의 협력을 통해 극동에 거점을 마련할 기회로도 생각했다.

영국이 답을 하지 않자 러시아는 프랑스·독일과 함께 일본 정부에 랴오둥반도 반환을 권고하기로 한다. 본국 정부로부터 훈령을 받은 도쿄 주재 러시아·독일·프랑스 공사는

4월 23일에 일본 외무성을 방문해 하야시 다다스(林董) 외무차관과 면담한다. 이 자리에서 러시아 공사는 "일본이 랴오둥반도를 소유하면 청국 수도를 위협할 뿐만 아니라 조선의 독립을 유명무실하게 한다. 이는 장래 극동의 영구적인 평화에 장애가 되므로 일본은 랴오둥반도 영유를 포기"해야 한다고 압박했다. 일본에서는 이를 '삼국간섭(Intervention of the Three Powers)'이라 한다. 뉘앙스를 약화시켜 권고 또는 간섭이라고 하나 사실은 강한 압력, 압박임이 분명하다.

삼국간섭은 과도한 영토 할양에 대한 우려가 현실화한 것이다. 일본 국민들의 전쟁 승리에 대한 열광도 사라졌다. 삼국간섭이 5월 8일에 있을 조약 비준을 앞두고 이루어졌다는 점을 주목할 필요가 있다. 조약은 조인 후 최고 통치자의 비준을 거쳐야만 효력이 발생한다. 이 점을 이용해 삼국은 청국에게 비준을 유보하도록 압력을 가한다. 이에 대해 청국은 조약 비준을 유보해서 전쟁이 계속될 경우 삼국이 군사적 지원을 할 것인가를 물었다. 삼국은 명확한 태도를 보이지 않았다. 삼국간섭을 계기로 청국 정부 내에서는 의견이 찬반으로 갈리고, 5월 1일 일본 정부에 비준서 교환을 10일 이상 연기할 것을 제안한다. 청국은 삼국의 지원을 확인하고자 한 것이다. 비록 삼국간섭을 감내하고라도 전쟁을 끝내야 할 형편에 있는 일본은 청국의 비준 연기 제안을 거절한다.

러시아가 주도한 삼국간섭에 대해 무쓰 외상은 영국과 프랑스 주재 공사에게 열강의 반응을 탐색할 것을 긴급 타전했으나, 부정적인 회답이 돌아왔다. 4월 24일 아침 긴급 어전 회의가 열렸다. 삼국의 간섭을 단호히 거부한다, 열국 회의를 개최해 공동으로 처리한다, 삼국의 요구를 받아들여 랴오둥반도를 반환한다는 세 가지 방안이 논의되었다. 처음에는 단호히 거부해야 한다는 의견이 많았다. 조약을 조인하자마자 이를 반환하는 것은 국가 체면 문제라는 인식도 강했다.

이토 총리는 삼국간섭을 거부하기 위해서는 삼국과 전쟁도 불사해야 하는데 청국과의 전쟁에서 이미 전력을 소진해 세 나라를 상대로 다시 전쟁을 하는 것은 불가능하며, 게다가 직예 작전을 위해 전 병력이 랴오둥반도에 집결해 있기 때문에 본국에는 병력이 남아있지 않아 삼국이 해상에서 공격해 올 경우 본토 방위가 불가능하다는 취지의 발언을 했다.

일본 정부는 3월 말경 러시아가 청국 북부에 군사력을 집중하고 있다는 정보도 확보하고 있었으며, 비준서 교환 예정지인 옌타이(煙臺)에는 이미 삼국의 함대가 집결해 있었다. 군부도 러시아를 상대로 싸우는 것은 역부족이라며 이토 총리의 의견에 동의했으나, 어전 회의에서는 일단 열국 회의를 개최해 해결책을 모색한다는 타협안이 채택되었다.

어전 회의의 결과를 가지고 이토는 그다음 날, 병으로 회의에 참석하지 못한 무쓰 외상을 찾았다. 그리고 미국·영국·이탈리아 등의 주재 공사에게 각국의 반응을 타진하도록 했다. 러시아 주재 공사에게는 일본이 랴오둥반도를 할양받아도 조선의 독립과 러시아의 이익을 해치지 않을 것이라며 재고를 요청했으나 거절당했다. 미국과 영국은 청일전쟁 중에 선언한 중립을 지킬 것이며, 이탈리아는 미국 및 영국과 뜻을 같이한다는 답이 왔다. 이러한 사정을 반영해 무쓰 외상은 열국 회의 소집을 강하게 반대했다. 랴오둥반도 할양에 대해 부정적인 태도를 가지고 있는 열강들의 회의가 열리면 오히려 일본에게 더 불리해진다는 이유에서였다. 자칫하면 열국 회의에 따라 시모노세키조약 내용 전체가 영향을 받을 수 있으며, 이에 편승해 청국이 조약 비준을 거부할 가능성도 있다는 것이다.

청국의 조약 비준 연기를 거부한 일본은 5월 8일의 조약 비준일 전까지는 결론을 내려 삼국에 답을 해야 했다. 결국 랴오둥반도를 청에 돌려주는 수밖에 없지만 그렇다고 그냥 돌려줄 수도 없는 상황이었다. 일본 정부는 "삼국에 대해서는 양보하지 않을 수 없지만 청국에 대해서는 한 발도 양보할 수 없다"는 결론을 내리고 천황의 재가를 받는다. 5월 5일에 삼국에 랴오둥반도의 반환을 통보하고, 5월 8일 예정대로 청국과 강화조약 비준서를 교환한다.

일본의 대표적인 의회주의자로 평가받는 오자키 유키오
(尾崎行雄)는 1896년 1월 의회에서 삼국간섭에 굴복한 것은
"천고(千古) 미증유의 대굴욕"이며, "외교관의 실책으로 모든
전공(戰功)을 완전히 없애는 선례"를 만든 정부가 국민들의
분노를 억압하고 있다며 강하게 비판했다. 즉 전쟁에 이기고
외교에 졌다는 말이다.

이러한 분위기를 반영해 5월 10일 천황은 랴오둥반도 반
환에 대한 조칙을 발표한다. "일본이 청국과 싸운 것은 동양
평화를 위해서였으며, 러시아·독일·프랑스 삼국도 동양 평
화를 생각해 충고한 것이다. 또 시국을 어렵게 하고 국민 생
활을 힘들게 해서 국운 신장을 방해하는 것은 바람직하지
않다. 그래서 정부에 랴오둥반도의 반환을 명했다. 국민들은
평화를 도모하기 위한 의도를 이해하고, 시국을 대국적으로
깊이 생각해 국가 대계에 잘못이 없도록 하기 바란다"는 내
용이다.

그 후 청국과 랴오둥반도 반환을 위한 교섭에 들어가
기 전 일본 정부는 삼국 공사에게 반환 조건으로 배상금
5,000만 냥을 제시한다. 독일은 동의했으나 러시아는 청국
의 재정 상태 등을 고려해 금액을 최소화하라고 했다. 배상
금은 3,000만 냥으로 삭감되었고, 11월 8일 베이징에서 랴
오둥반도 반환 조약이 체결된다. 일본은 랴오둥반도를 타국

에 할양하거나 조차해서는 안 된다는 내용의 조약을 청국에 요구했으나 거절당했다.

전쟁 목적은 조선이 아니었다

청일전쟁의 외교를 담당한 강경파 무쓰 무네미쓰 외상은 『건건록』에서 과도한 영토 할양으로 인한 열강의 압력(삼국 간섭)을 예상하고 있었다고 고백했다. 강화 회담을 위한 어전 회의에서 강경파들은 베이징을 점령할 때까지 전쟁을 계속 해야 하며 랴오둥반도뿐만 아니라 산둥반도의 할양도 요구 해야 한다고 주장했기 때문에 과도하게 랴오둥반도 전체를 요구하게 되었다는 것이다. 따라서 삼국간섭으로 "정부는 외 부에 굴종한 것 같은 모양새가 되었지만…… 필경 우리들에 게는 적절한 것이었다"라고 술회했다.

무쓰가 술회하듯이, 일본의 과도한 요구는 청일전쟁에 대 한 새로운 해석을 가능하게 한다. 우선 일본의 전쟁 목적이 조선의 '독립'과 '개혁' 즉 한반도로부터 청의 세력을 몰아 내는 것이 아니었음을 말해준다. 전쟁 목적이 조선의 '독립' 과 '개혁'이었다면, 일본이 조선 왕궁을 점령하고 조선이 청 과의 모든 관계를 단절한 시점에서 전쟁을 끝내거나, 한반도 에서 청군이 철수하는 평양 전투의 승리에서 멈추어야 하는 것이다. 그런데도 일본은 1887년 2월의 '대청정토책안(對淸

征討策案)'을 토대로 남만주 점령은 물론이고 베이징까지도 위협하려 했고, 또 조선의 독립과는 전혀 관계가 없는 평후도까지 점령했다. 이는 일본의 전쟁 목적이 조선 문제에 국한된 것이 아니었음을 말한다. 반복해서 지적하지만, 청일강화조약(시모노세키조약)에서 일본이 표면적으로 내건 전쟁 목적과 부합하는 것은 조선의 독립을 규정하고 있는 제1조뿐이고, 그 외의 조항은 청국에 대한 권익 확보였다는 점에서도 이를 충분히 알 수 있다.

강화조약 제1조에 대해서도 청국은 일본이 공동으로 조선의 독립을 확인할 것을 요구했으나, 일본은 거부했다. 강화조약은 조선의 자주독립에 관련한 일본의 태도에 대해서는 전혀 언급이 없다. 이는 청국의 조선에 대한 속국 관계는 단절했지만, 일본이 조선의 독립을 확인한 것은 아니라는 것을 의미한다. 조일수호조규 이래 일본이 주장해온 조선의 자주독립이 형해만 남았음을 알 수 있다. 조선의 자주독립은 내정 개혁을 통해 조선을 예속화하려는 일본의 대조선 정책과 모순되기 때문이다. 삼국간섭에서 러시아·프랑스·독일은 일본이 랴오둥반도를 영유하면 조선의 독립을 유명무실하게 하고 베이징을 위협해 극동의 평화를 해친다고 주장했다. 이를 뒤집어서 이야기하면 조선의 자주독립과 청국의 안전이 극동 평화의 조건이라는 의미이나, 시모노세키조약에서 일본은 조선의 독립을 보장하지 않았다. 따라서 청일전쟁 후 동아시아의 정세는 더욱 불안정해진다.

다음으로 앞서 지적한 바와 같이 일본이 전쟁 목적을 벗어난 과도한 영토 할양과 배상금을 요구한 것은 일본 국민들에게 전리품 획득을 당연시하는 인식을 심어주게 된다. 일본 국민들에게 전쟁의 이익 창출 모델을 제공한 것이다. 그후 일본이 손쉽게 국민을 동원해 전쟁을 계속하게 하는 하나의 요인이 된다. 러일전쟁에서 일본 정부가 배상금 없는 강화를 하자 일본 국민이 폭동을 일으키며 반발한 것은 같은 맥락이다.

지금까지 살펴본 바와 같이, 일본은 청일전쟁에서 예상을 넘는 과도한 전리품을 챙겼다. 근대 이후 중국에서의 반일 감정의 뿌리를 청일전쟁에서 찾는 것도 일본의 이러한 과도한 요구 때문이다. 나아가 전쟁 목적의 범위를 벗어난 일본의 과도한 요구는 결국 삼국간섭을 초래하고, 열강이 중국을 비롯한 동아시아에 적극 개입하는 계기를 제공한 것도 사실이다.

12. 일본의 진정한 적은 러시아다

일본, 제국주의 외교를 배우다

랴오둥반도 반환 소식에 일본 국민들은 경악했다. 간섭의 주체가 서양의 백인 국가들이며, 전통적으로 위협을 느끼고 있던 러시아가 주도했다는 점에서 충격은 더 컸다. 근대 이후 일본에 형성된 '러시아 위협론'이 삼국간섭으로 현실화한 것이다. 또 일본은 독일의 헌정 체제를 모범으로 삼고 동양의 프로이센이 되기를 바랐는데, 독일이 삼국간섭에 가담했다는 점도 충격적이었다.

또 메이지유신 이후 일본이 줄곧 추구해온 제국주의와 '서양화'가 서양의 백인 제국주의 국가들에 의해 좌절당했다며, 삼국간섭을 인종주의적 콤플렉스 즉 황화론(황인종 위협론)의 입장에서 이해하기도 했다. 삼국간섭을 새로운 강자로 부상한 황인종에 대한 백인종의 공격으로 인식한 것이다. 그러면서도 서방 국가들의 힘의 우위를 인정하지 않을 수 없었다. 일본의 이러한 인종적 콤플렉스와 적대의식은 그 후 국제연맹 규약에 인종 차별 철폐를 담을 것을 주장하고, 제2차 세계대전에서 백인종의 지배로부터 황인종의 해방을 내세우며 영미 귀축(鬼畜)론을 제기하는 등의 형태로 산발적으로 표출된다.

삼국간섭은 청일전쟁의 승리를 통해 제국주의화하는 일본에게 외교적 '교훈'을 제공했다는 점도 간과할 수 없다. 제국주의 시대에 이권 획득은 당사국 간의 문제에 그치지 않고 다른 열강에게 영향을 끼치게 된다. 그렇기 때문에 이권의 획득과 상실은 반드시 당사국의 관계만으로 결정되는 것은 아니다. 전쟁 당사국인 청국과 일본 사이의 문제로 여겨졌던 랴오둥반도 할양이, 중국과 랴오둥반도에 직간접적으로 이해관계를 가진 열강들의 문제, 즉 삼국간섭으로 비화한 것도 이 때문이다.

일본은 이후 적어도 1931년 만주사변 때까지는 주요 관계국의 묵인과 승인 속에서 세력을 확대해 가는 매우 신중한 자세를 보인다. 일본이 미국·영국·러시아 등의 승인을 얻은 후 한일병합을 단행한 것이 대표적이다. 러일전쟁의 승리를 통해 일본은 러시아로부터 조선에 대한 지도·보호·감리권을 인정받는다. 제2차 영일동맹 조약을 통해 일본은 영국의 인도 지배를 승인하는 대신에 조선에 대한 감리 및 보호권을 승인받는다. 가쓰라·태프트협정을 통해 일본은 미국의 필리핀 지배를 인정하는 대신에 조선의 지배권을 양해받는다. 이처럼 한반도 문제에 이해관계를 가진 영국·미국·러시아 등의 이해와 승인을 얻은 후 비로소 일본은 한일병합을 단행한 것이다.

러시아에 복수하라: 와신상담

삼국 간섭의 충격은 일본 국민들에게 러시아에 대한 적개심을 불러일으켰다. 러시아를 향한 와신상담은 일본 국민의 슬로건이 되고, 러시아에 대항하기 위한 일본 국민의 통합과 동원에 결정적인 요소가 되었다. 이는 러시아에 대응하기 위한 부국강병의 열망으로 이어진다.

1891년 시작된 시베리아철도 건설을 통한 러시아의 남하정책에 대한 일본의 우려는 컸다. 시베리아철도가 완공되면 중국과 한반도에 러시아의 영향력이 커질 것이며, 이는 일본의 안전을 위협한다고 보았다.

야마가타 아리토모는 청일전쟁이 발발하기 전인 1893년

「군비의견서」에서 다음과 같이 논했다.

> 앞으로 10년 후에 시베리아철도가 완성되면 열강의 동양 침략이 현실화될 것이다. 이에 대처하기 위해 앞으로 8~9년에 걸쳐 충분히 병력을 갖추고⋯⋯ 대(對)러시아 전쟁이 앞으로 10년 이내에 발발한다면 전략 요충지인 조선을 사전에 확보하기 위해 빠른 기회에 대청국 전쟁을 일으킬 필요가 있다. (大山 梓 編, 1966)

야마가타에 의하면 청일전쟁 이전부터 일본의 진정한 적은 청국이 아니라 러시아였으며, 청일전쟁은 대러시아전에 대비하기 위한 정지 작업이었다. 일본이 과도하게 랴오둥반도를 할양받으려 한 것도 러시아의 남하를 저지하고 대러시아전에 대비하기 위한 포석이었다.

청일전쟁이 발발하자 러시아는 전쟁 결과가 한반도에 미칠 영향을 예의주시했다. 청일전쟁 발발 직후인 1894년 8월 21일 각료 회의에서는 전쟁의 결과에 상관없이 한반도에는 현상이 유지되어야 하며, 특정 국가가 한반도에서 우월한 지위를 가지는 것은 바람직하지 않다는 결론을 내렸다. 특히 일본이 한반도 남부를 장악해 블라디보스토크를 거점으로 하는 극동함대(태평양함대)의 태평양 진출 길목인 대한해협의 자유항행이 봉쇄되는 것을 우려했다. 당시 시베리아철도 건설 책임자이며 재무장관인 비테(Sergei Witte, 후에 초대 총리, 러일강화회의 대표)는, 일본이 시베리아철도 완공 후의 러시아의 영향력을 저지하기 위해 청일전쟁을 일으켰다는 인식을 가지고 있었다. 야마가타가 청일전쟁 이전부터 러시아를 주적으로 삼고 있었듯이, 비테도 일본을 남하 정책의 주적으로 상정하고 있었다는 것이다.

청일전쟁이 일본의 승리로 굳어지고 있는 가운데, 1895년 2월 1일 러시아에서는 극동 문제에 관한 특별 회의가 열렸다. 회의에서는 발해만은 러시아의 세력 범위에 있어야 하며, 일본이 뤼순과 웨이하이웨이를 점령하면 러시아의 이익을 크게 해칠 것이므로 돌발 사태에 대비해 태평양의 해군력을 증강하고, 한반도의 독립을 보존하기 위해 영국·프랑스 등과 함께 공동 개입을 시도한다는 방침을 세웠다(김용구, 2018). 남하 정책과 부동항 획득을 목표로 하는 러시아로서는 일본의 랴오둥반도 및 한반도 점령은 용인할 수 없었다. 그 후 러시아는 지중해함대를 이동시켜 극동함대를 보강하여 일본의 해군력을 능가하게 된다.

일본의 강화안이 알려지자 러시아는 4월 3일 일본이 시베리아철도에 대항하기 위해 남만주 진출을 모색하고 있다고 판단하고, 일본의 랴오둥반도 할양 요구를 강하게 비판했다.

4월 11일과 17일 열린 각료 회의에서는, 청일전쟁은 청국이 아니라 러시아를 겨냥한 것이라고 규정하고 일본이 남만주를 병합할 경우 러시아는 자유행동을 할 것을 결의했다. 이를 위해 4월 17일 러시아 외무장관은 영국·독일·프랑스에 일본의 랴오둥반도 반환 요구에 동참할 것을 제안했으나, 영국은 거절하고 독일·프랑스의 동의를 얻었던 것이다.

이상의 과정을 요약하면, 일본과 러시아는 청일전쟁이 러일전쟁의 전초전이라는 인식을 강하게 가지고 있었음을 알 수 있다. 따라서 러일 양국에 있어서 랴오둥반도는 군사적으로 최대의 요충지였다. 일본이 청일전쟁의 범위를 넘어 청국에게 랴오둥반도 할양을 요구한 것도, 또 러시아가 이를 저지하기 위해 삼국간섭을 주도한 것도 같은 맥락이다.

군사력의 열세로 랴오둥반도를 반환해야만 했던 일본은 대러시아전을 향한 군비 확장에 박차를 가한다. 청국으로부터 받은 배상금이 군사력 확장을 위한 자본으로 투입됐다. 이러한 의미에서도 일본에게 청일전쟁은 러일전쟁을 위한 디딤돌이었다.

청일전쟁 배상금으로 러일전쟁을 준비하다

일본이 청일전쟁에 사용한 전비는 2억 48만 엔이다. 평년도 일반회계의 약 2.5배에 달하는 금액이다. 전비는 국내

공채로 메워졌는데, 경제계와 국민들에게 강제적으로 할당
되었다. 시모노세키조약으로 청으로부터 받은 군사 배상금
은 3억 1,100만 엔(2억 냥)이며, 랴오둥반도 반환에 따른 보
상금 4,500만 엔(3000만 냥)을 합하면 총 3억 5,600만 엔(2억
3,000만 냥, 이자를 합하면 3억 6,500만 엔으로 일본 예산의 4년분에
상당)이다. 약 1억 5,500만 엔(예산의 약 2배)의 흑자가 발생한
것이다. 일본은 배상금을 국제금융의 중심지 런던에서 파운
드로 지불할 것을 요구했다. 청은 배상금을 대부분 런던의
외채에 의존했는데, 이것이 열강이 중국에 이권을 요구하는
빌미가 되고 나아가서는 열강이 세력권 형성을 통해 중국을
분할하는 촉매제가 되었다.

　1896년 3월 4일, 일본 정부는 청국의 배상금과 랴오둥반
도 반환에 따른 보상금을 관리·운영하기 위한 '배상금특별
회계법'을 공포했다. 배상금 사용 내역은 청일전쟁의 전비
(임시군사비특별회계의 세입)가 7,896만 엔(21.9%), 군비 확장
비가 2억 2,606만 엔(62.6%)이었다. 군비 확장비는 육군이
5,680만 엔(15.7%), 해군이 1억 3,926만 엔(38.6%), 군함 수
뢰정 보충 기금이 3,000만 엔(8.3%)이었다. 나머지 15.5%
는 제철소 건립비에 58만에(0.2%), 운수 통신비에 321만 엔
(0.9%), 타이완 경영비 보조에 1,200만 엔(3.3%), 황실 비용에
2,000만 엔(5.5%), 재해 준비 기금에 1,000만 엔(2.8%), 교육

기금에 1,000만 엔(2.8%)이 할당되었다.

1896년도부터 러일전쟁이 발발하는 1904년도까지의 군비 확장비는 총액 3억 1,324만 엔이다. 이 가운데 약 72퍼센트 정도가 청일전쟁의 배상금으로 충당되었으며, 배상금의 약 88퍼센트에 해당한다. 단적으로 말하면 청일전쟁에서 남긴 흑자가 러일전쟁을 위한 군사력 확장비로 사용된 것이다. 청일전쟁의 배상금이 없었다면 현실적으로 일본이 러일전쟁을 감행하기는 어려웠을 것이다.

일본은 러일전쟁 때까지, 즉 1896년에서 1903년까지 연평균 국가 예산의 약 42퍼센트를 군사비에 투입해 병영 국가 체제를 갖추어 간다(야마다 아키라, 2019). 육군은 청일전쟁 때보다 세 배 이상으로 커졌다. 청일전쟁 당시에 평시 5만, 전시 동원 20만이었던 병력이 1898년에는 평시 15만, 전시 60만으로 늘었다. 이 숫자는 시베리아철도가 완공되어 블라디보스토크에 집결 가능한 러시아 병력을 20만 정도로 가정했을 때 그에 대항할 수 있는 병력 규모로 산정된 것이다. 해군도 10년 동안 2억 엔(당시 1년 예산에 상당하는 금액)을 투입해 1만 5,000톤급 전함을 중심으로 확장 계획을 추진했다. 러일전쟁 때 발트함대를 상대로 대활약을 한 미카사·시키시마·아사히 등은 모두 이때 건조된 전함들이다.

청일전쟁 후 일본의 경제 규모도 획기적으로 커졌다. 청일전쟁 전인 1893년에 8,458만 엔이었던 예산 규모는 전쟁 직후의 1896년에 1억 6,859만 엔으로 배 가까이 늘어났다. 그다음 해부터 예산은 2억 엔대를 유지했다. 공공 투자도 1893년의 3,929만 엔에서 1896년의 6,933만 엔으로 증가했으며, 그다음 해부터 약 1억 엔대가 유지되었다. 또 일본은 청국의 배상금을 영국의 채권으로 지불받았는데, 이를 기초로 금본위제를 확립해 국제 금융 결제 시스템을 활용할 수 있게 되었다. 이를 통해서 러일전쟁의 막대한 전비를 외채로 조달할 수 있게 되었으며, 본격적으로 자본주의적 산업 발전의 길을 걷게 된다. 일본 산업혁명의 상징으로 세계문화유산에 등록되어 있는 야하타(八幡) 제철소(현 일본제철)는 청일전쟁 배상금으로 건설된 것이다.

청 '제국'에서 중화'민국'으로

청일전쟁은 청국에 대한 열강의 인식을 획기적으로 바꾸었다. 청일전쟁의 패배로 아시아에서 화이 질서와 조공 체제가 붕괴한 것은 주지의 사실이다. 시모노세키조약 제1조가 명시하고 있듯이, 조공 체제의 마지막 보루였던 조선과의 관계도 완전히 소멸했다. 이는 조공 체제를 바탕으로 존재했던 제국으로서의 청국이 소멸했음을 의미한다.

나폴레옹은 청 제국을 잠자는 사자라 불렀으며, 그 사자가 깨어나면 세상은 크게 진동할 것이라 했다("Ne réveille pas un lion qui dort. Quand il s'éveillera, le monde tremblera"). 청 제국에 대한 경외와 두려움의 표현이다. 그러나 청일전쟁의 패배로 청은 '사자'가 아니라 종이호랑이에 지나지 않음이 확인되었다. 폄하하여, 잠자는 사자인 줄 알았더니 잠자는 (살찐) 돼지였다는 표현이 일본과 열강 사이에 회자되었다. 청국을 인간의 식탐을 채워주는 돼지로 표현한 것은 그 후 열강이 중국을 피자 나누듯이 분할해 '먹으려'는 함의가 있었다.

열강은 청일전쟁 때부터 청국에 차관을 제공하고 있었다. 재정이 악화된 청국은 전쟁 배상금 지불을 차관에 의존하지 않을 수 없었다. 영국·러시아·프랑스·독일 등 열강의 차관 공여에 대해 관세와 염세(鹽稅)를 담보로 제공하고, 철도 부설권과 철도 연선 지역의 광산 채굴권 등의 이권도 제공해야 했다. 거기에는 삼국간섭에 대한 보상의 의미도 포함되어 있었다.

러시아는 1896년의 러청비밀동맹조약을 통해 만저우리(滿洲里)에서 하얼빈을 거쳐 쑤이펀허(綏芬河)로 연결되는 하얼빈철도(東淸鐵道) 부설권과 경영권을 확보해 시베리아철도 완공과 만주 진출의 기반을 확보했다. 독일은 칭다오(靑島)-지난(濟南)의 교제선(膠濟線), 영국은 상하이-난징의 호령선(滬寧線)과 광저우(廣州)-주룽(九龍)의 광구선(廣九線), 프랑스는 베트남 하이퐁-중국 윈난성(雲南省) 쿤밍(昆明)의 전월선(滇越線), 미국은 우한(武漢)-광저우의 월한선(粤漢線), 벨기에는 베이징-한커우(漢口)의 경한선(京漢線) 부설권을 확보했다. 또 열강은 시모노세키조약 제6조에 규정된 기업 경영권을 최혜국대우로 삼아 청에 진출하고 있는 기업에 투자를 집중하고, 중국 경제에 침투했다.

다음으로 열강은 조계(租界)라는 이름의 조차지(租借地)를 얻어내 중국 내에 군사·경제적 근거지를 구축한다. 조차지는 일정 기간 타국에 영토를 빌려주는 것이나, 그동안에는 조차국이 통치권을 가지므로 실질적으로는 할양지 또는 식민지나 마찬가지다. 1898년 독일은 선교사 살해 사건을 빌미로 자오저우만(膠州灣)을 99년간 조차했으며, 같은 해 3월 러시아는 삼국간섭으로 일본이 반환한 뤼순·다롄을 25년간 조차한다. 뤼순·다롄 조차에 관한 러-청 조약에 조인한 청국 측 당사자는 시모노세키조약의 전권대표였던 이홍장이었다. 러시아는 1903년에는 뤼순·다롄을 시베리아철도와 연결한다.

일본이 반환한 뤼순과 다롄을 3년도 지나지 않아서 러시아가 조차한 데 대해 일본은 굴욕이라며 반러시아 의식을 더욱 강화해 간다. 이것이 러일전쟁의 한 요인이 되는데, 러일전쟁 후에는 일본이 다시 이곳을 차지해 만주 진출의 거점으로 삼는다. 러시아와 독일의 조차에 대응하기 위해 영국은 웨이하이웨이를 25년간 조차했다. 일본도 1898년 4월 푸젠성 불할양 조약을 체결해 타이완 대안의 푸젠성을 실질적인 세력권으로 삼으면서 열강의 중국 분할에 참여한다.

청일전쟁을 계기로 한 열강의 이권 획득의 결과, 청국은 사실상 열강의 세력권으로 분할되어 간다. 러시아는 만주, 영국은 양쯔강 유역, 독일은 산둥성, 프랑스는 광저우만을 중심으로 한 중국 남부, 일본은 푸젠성 등을 각각의 세력 범위로 삼았다. 이에 반해 중국 진출이 늦은 미국은 중국에 대한 영토 보전의 원칙과 기회 균등은 주장하면서, 열강의 중국 분할 움직임을 견제했다. 이러한 미국의 태도에 중국은 친밀감을 가지게 되면서, 제2차 세계대전이 끝날 때까지 우호적인 관계를 유지해 간다.

청일전쟁의 패배는 청국의 통치 체제에 대한 비판도 불러왔다. 실질적인 통치권을 행사하고 있던 서태후와, 양무운동을 주도하고 청일전쟁의 당사자였던 이홍장에 대한 비판이 비등했다. 이러한 비판은 청조라는 만주족 지배 체제에 대한 반발로 이어지고, 신해혁명을 가속화하게 된다. 청일전쟁을 계기로 청 '제국'이라는 한 시대가 마감되고 새로운 중화'민국'으로의 이행기를 맞게 되는 것이다. 또 청일전쟁의 패배는 1860년대 이래 추진되어 온 근대화 작업으로서의 양무운동의 실패를 의미했다. 변법자강운동을 주도한 량치차오는 "다른 나라들은 양무를 통해 발전했는데 왜 중국만 양무를 통해 쇠퇴했는가"라고 탄식했다.

이후 중국의 근대화 운동은 기술·제도 등 모든 면을 서양식으로 개혁해야 한다는 변법자강론으로 기울게 되는데, 아이러니하게도 그 모델은 일본이었다. 이후 유학생들이 일본으로 쇄도하고, 반청 지도자들도 일본으로 모여든다. 청국을 쇠퇴하게 만든 일본이 새로운 중국 부활의 근거지로 재탄생하는 아이러니다. 개항 이후 서구로부터의 식민지화의 위기 속에서 서구를 극복하기 위해 대규모의 구미 사절단을 파견한 일본의 모습과 겹쳐 보인다.

왜 역사를 반복할까

청일전쟁이 발발할 즈음 청국이 일본을 위협한 적은 없었다. 그럼에도 왜 일본이 청국을 공격하고 전쟁이 발발했는가. 왜 일본은 청일전쟁에 앞서 경복궁을 점령했으며, 조선이 일본의 동맹국이 되어야 했는가. 청국과 일본의 전쟁인데 왜 한반도가 전장이 되었는가. 의문은 여전하다. 이 문제들에 대해 합리적인 답을 찾기는 어렵다. 이 전쟁이 일본의 침략 전쟁이었다고 할 수밖에 없는 이유다.

일본은 전쟁 목적을 "조선의 독립과 내정 개혁을 통해 동양 평화를 가져"오기 위함이라고 했다. 도식적으로 정리하면 조선을 (청국으로부터) 독립시키고, 다른 국가들이 조선의 독립을 해치는 여지를 없애기 위해 조선의 내정을 개혁하고, 이를 통해 동양의 평화를 유지한다는 것이다. 이를 수행하는 주체는 일본이다. 그러면 왜 일본이 조선 개혁의 주체가 되어야 하는가. 조선이 독립을 유지함으로써 일본의 안전이 유지된다고 생각하기 때문이다. 이렇게 본다면 결국 동양 평화는 일본의 안전을 의미하게 된다. 또 일본이 동양 평화의 주체가 된다는 것은 동아시아의 전통적 중화 질서를 일본 중심의 신질서로 대체한다는 의미이기도 하다. 이른바 아시아 맹주(盟主)론인데, 결국은 일본 중심의 신질서 아래서의 평화를 의미한다(이는 중일전쟁기의 동아신질서론 또는 아시아신질서론으로 확장된다).

그러면 이 전쟁의 목적은 달성되었는가. 이를 위해서는 일본의 정책을 조선이 선의로 받아들여야 한다. 그러나 전쟁이 끝나자 조선은 곧바로 러시아로 경도되었고, 일본 주도의 내정 개혁은 중단된다. 또 삼국간섭에서 보듯이, 일본이 동아시아의 새로운 질서를 구축하는 데에는 한계가 있었고 가능하지도 않았다. 결국 일본은 전쟁에 이겼으면서도 전쟁 목적을 달성하지 못했다.

이에 대해 일본은 돌출적인 삼국간섭이 영향을 미쳤다고 할 것이다. 삼국간섭이 없었다면 조선이 친러시아적인 태도를 취하지 않고, 일본이 청국을 대신해서 신질서 구축자로서의 역할을 했을 것이라고 한다. 그러나 삼국간섭은 전쟁의 목적을 벗어난 일본의 과도한 요구가 자초한 것이기 때문에 이 주장은 성립하지 않는다. 설령 삼국간섭이 없었다고 해도 청일전쟁을 전후하여 동학 농민군, 즉 조선의 민중들은 반일 본적 태도를 분명히 하고 있었기 때문에 일본의 대조선 정책이 수용될 가능성은 없었다.

그렇다면 여기에서 청일전쟁은 무엇을 위한 전쟁이었던 가 하는 근본적인 의문으로 환원된다. 전쟁의 목적이 잘못되 었거나, 표면적 이유와는 다른 일본의 전쟁 목적이 있었다고 봐야 한다. 이에 대해서는 그 이후 일본의 대조선 및 대중국 정책, 나아가서는 대아시아 정책을 보면 명확하기 때문에 여 기에서 논할 필요는 없을 것 같다.

간과할 수 없는 것은 청일전쟁 10년 후 일본은 꼭 같은 이 유와 경로로 러시아를 또다시 도발한다는 사실이다. 러일전 쟁은 대상이 청국에서 러시아로 바뀌었을 뿐 전쟁의 원인, 전개 양상, 전쟁에서 조선과 일본의 관계 등 모든 면에서 매 우 유사하다. 일본은 꼭 같은 전쟁을 두 번 되풀이한 것이다. 청일전쟁이 침략 전쟁이라면 러일전쟁 역시 침략 전쟁이다. 조선 역시 꼭 같은 역사를 두 번 되풀이한 셈이다. 왜 조선과 일본은 같은 역사를 반복했을까. 제3의 선택지는 없었을까. 필자는 이 의문에 답할 자신이 없다. 독자에게 맡긴다.

참고문헌

강효숙, 「청일전쟁에 있어 일본군의 동학농민군 진압」, 『열린정신인문학연구』 6, 2005.

국사편찬위원회, 『한국사 40: 청일전쟁과 갑오개혁』, 탐구당, 2013.

김용구, 『러시아의 만주 · 한반도 정책사, 17~19세기』, 푸른역사, 2018.

나카츠카 아키라, 박맹수 옮김, 『1894년 경복궁을 점령하라』, 푸른역사, 2002.

나카츠카 아키라 · 이노우에 가쓰오 · 박맹수, 한혜인 옮김, 『동학농민전쟁과 일본: 또 하나의 청일전쟁』, 모시는사람들, 2014.

량치차오, 박희성 · 문세나 옮김, 『이홍장 평전』, 프리스마, 2013.

야마다 아키라, 윤현명 옮김, 『일본, 군비 확장의 역사』, 어문학사, 2019.

이성환, 『전쟁 국가 일본』, 살림출판사, 2004.

이양자, 『감국대신 위안스카이: 좌절한 조선의 근대와 중국의 간섭』, 한울엠플러스, 2020.

조재곤, 「청일전쟁의 새로운 이해」, 『한국근현대사연구』 74, 한국근현대사연구학회, 2015.

최덕수, 『조약으로 본 한국 근대사』, 열린책들, 2010.

李盛煥, 都奇延·大久保節士郎 訳, 『近代日本と戦争』, 光陽出版社, 2009.

岡本隆司, 『李鴻章』, 岩波新書, 2011.

古結諒子, 『日清戦爭における日本外交』, 名古屋大學出版會, 2016.

吉田裕, 『日本の軍隊』, 岩波書店, 2002.

内村鑑三, 『内村鑑三著作集』第2巻, 岩波書店, 1953.

大谷正, 『日清戰爭』, 中央公論社, 2015.

大山梓 編, 『山縣有朋意見書』, 原書房, 1966.

李盛煥, 『近代日本と戦爭』, 光陽出版, 2010.

毛利敏彦, 『明治六年政変』(中公新書), 中央公論社, 1979.

白春岩, 「近代日中關係史の起點—日清修好條規の締結と李鴻章」, 早稲田
　大學博士論文, 2013.

山村健, 「日清戦争期韓国の対日兵站協力」, 『戦史研究年報』6, 2003.

原田敬一, 『日清·日露戰爭』, 岩波新書, 2007.

原田敬一, 『日清戰爭』, 吉川弘文館, 2008.

陸奥宗光, 『蹇蹇錄』, 岩波書店, 1983.

伊藤之雄, 『伊藤博文—近代日本を創った男』, 講談社, 2009.

日本外務省, 『日本外交文書』, 27-2, 日本国際連合協会, 1953.

參謀本部 編纂, 『明治二十七八年日清戦史』第8巻, 東京印刷, 1907.

洪偉翔, 「臺灣出兵の考察」, 國立政治大學日本語文學碩士論文, 2013.

S. C. M. Paine, *The Sino-Japanese War of 1894~1895: Perceptions, Power,
and Primacy*, Cambridge University Press, 2005.

프랑스엔 〈크세주〉, 일본엔 〈이와나미 문고〉, 한국에는 〈살림지식총서〉가 있습니다.

📖 전자책 | 🔍 큰글자 | 🔊 오디오북

청일전쟁

근대 동아시아 문제의 기원

펴낸날	초판 1쇄 2021년 6월 28일
지은이	이성환
펴낸이	심만수
펴낸곳	(주)살림출판사
출판등록	1989년 11월 1일 제9-210호
주소	경기도 파주시 광인사길 30
전화	031-955-1350 팩스 031-624-1356
홈페이지	http://www.sallimbooks.com
이메일	book@sallimbooks.com
ISBN	978-89-522-4299-0 04080
	978-89-522-0096-9 04080 (세트)

※ 값은 뒤표지에 있습니다.
※ 잘못 만들어진 책은 구입하신 서점에서 바꾸어 드립니다.

책임편집 **최정원 고은경**

085 책과 세계

강유원(철학자)

책이라는 텍스트는 본래 세계라는 맥락에서 생겨났다. 인류가 남긴 고전의 중요성은 바로 우리가 가 볼 수 없는 세계를 글자라는 매개를 통해서 우리에게 생생하게 전해 주는 것이다. 이 책은 역사라는 시간과 지상이라고 하는 공간 속에 나타났던 텍스트를 통해 고전에 담겨진 사회와 사상을 드러내려 한다.

056 중국의 고구려사 왜곡   `eBook`

최광식(고려대 한국사학과 교수)

중국의 고구려사 왜곡의 숨은 의도와 논리, 그리고 우리의 대응 방안을 다뤘다. 저자는 동북공정이 국가 차원에서 진행되는 정치적 프로젝트임을 치밀하게 증언한다. 경제적 목적과 영토 확장의 이해관계 등이 복잡하게 얽혀 있는 동북공정의 진정한 배경에 대한 설명, 고구려의 역사적 정체성에 대한 문제, 고구려사 왜곡에 대한 우리의 대처방법 등이 소개된다.

291 프랑스 혁명   `eBook`

서정복(충남대 사학과 교수)

프랑스 혁명은 시민혁명의 모델이자 근대 시민국가 탄생의 상징이지만, 그 실상을 아는 사람은 많지 않다. 프랑스 혁명이 바스티유 습격 이전에 이미 시작되었으며, 자유와 평등 그리고 공화정의 꽃을 피기 위해 너무 많은 피를 흘렸고, 혁명의 과정에서 해방과 공포가 엇갈리고 있었다는 등의 이야기를 통해 프랑스 혁명의 실상을 소개한다.

139 신용하 교수의 독도 이야기   `eBook`

신용하(백범학술원 원장)

사학계의 원로이자 독도 관련 연구의 대가인 신용하 교수가 일본의 독도 영토 편입문제를 걱정하며 일반 독자가 읽기 쉽게 쓴 책. 저자는 역사적으로나 국제법상으로 실효적 점유상으로나, 어느 측면에서 보아도 독도는 명백하게 우리 땅이라고 주장하며 여러 가지 역사적인 자료를 제시한다.

144 페르시아 문화

eBook

신규섭(한국외대 연구교수)

인류 최초 문명의 뿌리에서 뻗어 나와 아랍을 넘어 중국, 인도와 파키스탄, 심지어 그리스에까지 흔적을 남긴 페르시아 문화에 대한 개론서. 이 책은 오랫동안 베일에 가려 있던 페르시아 문명을 소개하여 이슬람에 대한 편견과 오해를 바로 잡는다. 이태백이 이란계였다는 사실, 돈황과 서역, 이란의 현대 문화 등이 서술된다.

086 유럽왕실의 탄생

김현수(단국대 역사학과 교수)

인류에게 '예술과 문명' 그리고 '근대와 국가'라는 개념을 선사한 유럽왕실. 유럽왕실의 탄생배경과 그 정체성은 무엇인가? 이 책은 게르만의 한 종족인 프랑크족과 메로빙거 왕조, 프랑스의 카페 왕조, 독일의 작센 왕조, 잉글랜드의 웨섹스 왕조 등 수많은 왕조의 출현과 쇠퇴를 통해 유럽 역사의 변천을 소개한다.

016 이슬람 문화

이희수(한양대 문화인류학과 교수)

이슬람교와 무슬림의 삶, 테러와 팔레스타인 문제 등 이슬람 문화 전반을 다룬 책. 저자는 그들의 멋과 가치관을 흥미롭게 설명하면서 한편으로 오해와 편견에 사로잡혀 있던 시각의 일대 전환을 요구한다. 이슬람교와 기독교의 관계, 무슬림의 삶과 낭만, 이슬람 원리주의와 지하드의 실상, 팔레스타인 분할 과정 등의 내용이 소개된다.

100 여행 이야기

eBook

이진홍(한국외대 강사)

이 책은 여행의 본질 위를 '길거리의 철학자'처럼 편안하게 소요한다. 먼저 여행의 역사를 더듬어 봄으로써 여행이 어떻게 인류 역사의 형성과 같이해 왔는지를 생각하고, 다음으로 여행의 사회학적 · 심리학적 의미를 추적함으로써 여행에 어떤 의미를 부여할 것인가에 대해 말한다. 또한 우리의 내면과 여행의 관계 정의를 시도한다.

293 문화대혁명 중국 현대사의 트라우마 eBook

백승욱(중앙대 사회학과 교수)

중국의 문화대혁명은 한두 줄의 정부 공식 입장을 통해 정리될 수 없는 중대한 사건이다. 20세기 중국의 모든 모순은 사실 문화대혁명 시기에 집약되어 있다고 해도 과언이 아니다. 사회주의 시기의 국가 · 당 · 대중의 모순이라는 문제의 복판에서 문화대혁명을 다시 읽을 필요가 있는 지금, 이 책은 문화대혁명에 대한 안내자가 될 것이다.

174 정치의 원형을 찾아서 eBook

최자영(부산외국어대학교 HK교수)

인류가 걸어온 모든 정치체제들을 매우 짧은 기간 동안 시험하고 정비한 나라, 그리스. 이 책은 과두정, 민주정, 참주정 등 고대 그리스의 정치사를 추적하고, 정치가들의 파란만장한 일화 등을 소개하고 있다. 특히 이 책의 저자는 아테네인들이 추구했던 정치방법이 오늘 우리 사회가 당면한 문제를 해결할 수 있는 지혜의 발견에 도움을 줄 수 있을 것이라고 말한다.

420 위대한 도서관 건축순례 eBook

최정태(부산대학교 명예교수)

이 책은 도서관의 건축을 중심으로 다룬 일종의 기행문이다. 고대 도서관에서부터 21세기에 완공된 최첨단 도서관까지, 필자는 가능한 많은 도서관을 직접 찾아보려고 애썼다. 미처 방문하지 못한 도서관에 대해서는 문헌과 그림 등 가능한 많은 정보를 수집하려 노력했다. 필자의 단상들을 함께 읽는 동안 우리 사회에서 도서관이 차지하는 의미에 대해 다시 생각하게 된다.

421 아름다운 도서관 오디세이 eBook

최정태(부산대학교 명예교수)

이 책은 문헌정보학과에서 자료 조직을 공부하고 평생을 도서관에 몸담았던 한 도서관 애찬가의 고백이다. 필자는 퇴임 후 지금까지 도서관을 돌아다니면서 직접 보고 배운 것이 40여 년 동안 강단과 현장에서 보고 얻은 이야기보다 훨씬 많았다고 말한다. '세계 도서관 여행 가이드'라 불러도 손색없을 만큼 풍부하고 다채로운 내용이 이 한 권에 담겼다.

eBook 표시가 되어있는 도서는 전자책으로 구매가 가능합니다.

㈜살림출판사
www.sallimbooks.com
주소 경기도 파주시 문발동 522-1 | 전화 031-955-1350 | 팩스 031-955-1355